《超馬芭樂來我家》

投資理財
實境個案
全解答

王仲麟 ◎ 著

沒有完美只有最美

財富／我們家裡見！

　　超馬芭樂喜歡投資股票、ETF與基金，也喜歡跟大家分享投資操作、開源節流、總經金融等諸多專業知識，所以除了臉書粉專，我也會上節目分享投資心法與操作心得。

　　超馬芭樂喜歡跑動輒100公里的超級或極限馬拉松，無論是12小時的繞圈賽，還是翻山越嶺的南橫超馬賽，更無論是在酷熱的盛夏，還是寒冷的嚴冬，超馬芭樂都會持續練跑。

　　超馬芭樂喜歡聊天，無論是柴米油鹽、風花雪月、酸甜苦辣、太空子宮，也無論是人際關係、職場關係，還是親子互動，我都喜歡聆聽朋友的需求與心聲，更喜歡跟朋友開心對話。

　　那麼，有沒有辦法把以上這些超馬芭樂都喜歡的嗜好合而為一？某一天，這個想法就這麼天馬行空、福至心靈地出現了：無論朋友身居何處（金門、馬祖、澎湖、綠島、小琉球要渡海，暫且保留），只要約好時間，超馬芭樂就會規劃一個適當的路徑跑去約定地點，然後跟朋友們閒聊過往人生、暢談投資操作，人生豈不樂哉！

　　於是，「超馬芭樂來我家」的計畫便於焉成形！與朋友約好時間和地點，無論是台北汐止，還是台中潭子，也無論是台南成大，還是高雄

義大，更無論是烈日寒風或颱風下雨，超馬芭樂都會先練跑到朋友家中，一面吃飯、一面聆聽朋友的需求，然後提供最適合他們的投資策略或操作建議。

　　譬如土城的Jay想知道，沒辦法看盤、盯盤，要怎麼順勢投資股票？台南的雅雯想知道，老闆沒加薪，為什麼竟然可以把定期定額扣款從每月3,000元擴大成15,000元？台北善導寺的宜洳想知道，為什麼股價5年都沒漲，資產竟然還可以翻兩番？高雄的長哲想知道，看起來明明是萬無一失的投資策略，為什麼執行後可能會睡不安穩？

　　瘦身的有效方法百百種，有人藉由生酮飲食輕鬆減重，有人則採取168輕斷食得以消脂，有人降低澱粉攝取量便可瘦身，有人則得多補充高蛋白才能增肌。對超馬芭樂而言，無論是股票操作、ETF布局，還是基金投資也是如此，沒有完美，只有最美！

　　你聽到坊間的投資規劃或操作策略未必是錯的，但是只要不適合你，就沒有意義。「超馬芭樂來我家」的真義也在於此，唯有考量你最實際的狀況，並且聆聽你最真實的需求，才能協助你制定最適合的投資規劃與操作建議。

　　本書10個範例，包含股票操作、ETF布局、基金投資，都是超馬芭樂親訪朋友們的討論結果，你倒也無須按照順序閱讀，因為任何一個範例，都可能剛好是你需要的內容，請開始細讀沒有完美、只有最美的「超馬芭樂來我家」吧！

超馬芭樂 王仲麟

量身打造投資攻略
啟動你的財富馬拉松

── 張榮仁 ──

「什麼！芭樂要跑步來我們公司錄影？」

某天和同事開會，聽到一個合作講師習慣每天早上5點跑步，有時候甚至跑步前往演講會場！還曾有過邊跑步、邊直播來解析投資市場的瘋狂想法！

他就是被上班族視為偶像，靠投資成功累積上億元身家，38歲就早早退休的超馬芭樂。我聽說，他真的會跑步去朋友家聊投資，對症下藥，分享適合對方的投資方式，這本書《超馬芭樂來我家─投資理財實境個案全解答》，就是在他天馬行空想法下誕生的。

做為數位金融從業人員，我除了開會聽同事談論超馬芭樂，實際上我也要求團隊學習他思路清晰、暢快直接的表達能力。他能把投資迷思或艱難的財經概念，運用生活化的具象舉例，轉化為容易理解的語言，這其實需要深厚的學養與實戰經驗才有可能做到。

而在理念上，超馬芭樂努力在做的事，就是推廣簡單投資，這與我們更是不謀而合！超馬芭樂常說，希望自己讓大眾了解的是釣魚的方法，而不只是報牌！鉅亨買基金也是抱持同樣的信念，所以我們在平台業者中最早研發投資機制，希望打造累積資產的聰明方法，讓大家可以

找到合適自己的方案！

　　除了努力推廣理財教育，面對資訊傳遞快速的世界，我們每天也都在破解一堆似是而非的迷思。《超馬芭樂來我家─投資理財實境個案全解答》也是芭樂手把手教學，破解10位朋友投資迷思的精華彙整，更是協助朋友找到合適自己投資方式的最佳見證！

　　關於投資這件事情，芭樂說得很好：「坊間的投資規劃或操作策略未必是錯的，但是只要不適合你，就沒有意義！」這本書涵蓋股票投資、ETF投資、基金投資、投資觀念等，從基本理論到實戰操作，都讓人見識到芭樂的實戰經驗與獨家祕訣。

　　身為超馬芭樂在投資路上的好友與夥伴，真心推薦對理財迷惘的朋友，可以將《超馬芭樂來我家─投資理財實境個案全解答》一書當作入門的理財工具書籍。這本書買回家，就像超馬芭樂跑步到你家跟你分享一樣，我希望你讀完就付諸行動，啟動你的投資馬拉松。

　　波士頓馬拉松冠軍Amby Burfoot曾說：「只要堅持下去，無論跑步還是人生，都沒有所謂的失敗。」我們期待超馬芭樂這本書能夠受到大家的歡迎，也祝福各位都能成為自己財富馬拉松的贏家！

（本文作者為鉅亨買基金總經理）

投資實境秀的最佳演繹
落地執行的實用指南

—— MK 郭俊宏 ——

能夠提早退休、擁有充裕的現金流收入，是許多人夢寐以求的生活方式。許多投資者，夢想透過投資達到財富自由，但是往往在實踐的過程中碰壁，不是因為方法錯誤，而是因為缺乏全盤考量以及實戰經驗的指導。

超馬芭樂（王仲麟）與我一樣，都曾在職場中努力打拚，經歷過市場起伏與財務壓力，最終憑藉自身的投資策略與智慧，成功提早退休。我們的共通點不僅僅在於對財富自由的追求，更在於理解「投資」背後的深層意義，那就是：投資的目的是讓生活更加自由，而非成為市場波動中的俘虜。

這一次，超馬芭樂帶來了他的全新著作《超馬芭樂來我家—投資理財實境個案全解答》，這本書不僅展現了他在理財投資上的專業見解，更以全新的實境個案形式，將投資理財書籍帶到了全新的高度。

作者以「親訪」的方式，將理論與實務相結合，揭開每位投資者在實際生活中的操作困境，並逐一給予精準、實用的策略建議。這種「實境解答」的創新形式，不僅讓本書變得更具吸引力，更使它成為所有投資理財書籍中少見的、真正可以「落地執行」的實用指南。

亮點 1：量身打造的投資建議，徹底解決投資者的疑惑

　　本書的最大特色在於，它不只是單純地講解投資理論，而是透過作者親自走訪各地，與粉絲面對面討論，並結合個人的背景、職業、財務狀況，給出量身打造的投資建議。

　　這種「因材施教」的方式，讓每一個投資案例都變得鮮活生動，讀者可以看到不同職業背景的投資者（如工程師、上班族、主婦等），如何應對各種投資挑戰，這些真實的故事不僅能引起共鳴，更能幫助讀者在相似情境下找到最佳的解決方案。

　　例如，書中提到的一個例子是蘆洲的 Jay，一位37歲的科技公司工程師，他與妻子 Trina 希望能在退休後擁有穩定的現金流，打算從高股息 ETF 中尋找適合的標的。然而，面對市面上眾多的 ETF 選擇，他們感到無所適從。

　　超馬芭樂不僅協助他們篩選出了最合適的 ETF，還深入分析了不同 ETF 的成分股與換股策略，從殖利率、持股調整時程等多角度，給出最貼近他們需求的建議。這樣的案例非常具有代表性，它展示了投資策略應該如何結合個人需求，而不是盲目地追求高報酬。

亮點2：芭樂戰法，全方位的投資策略解析

　　超馬芭樂在本書中完整介紹了他獨創的「芭樂戰法」，這些策略並不是市場上常見的技術指標或數據分析，而是經過他多年投資經驗淬煉而成的「簡單易行」操作方法。書中提到的「332法則」就是其中之一，它是一種專門用來咬住強勢股的策略。這樣的策略並不需要複雜的計算或技術分析，而是將市場動態簡化成幾個容易觀察的關鍵點，讓即使沒有投資經驗的初學者也能快速掌握。

　　另一個讓人眼睛一亮的策略，是「還原週K值」分析法，這是一種精準的上下車操作策略。許多投資者在面對市場劇烈起伏時，常常因為情緒波動而無法做出正確的判斷，而週K值分析法能幫助投資人掌握股價的高低點，做出精準的買賣決策，降低追高殺低的風險。這樣的策略尤其適合在市場動盪時使用，可以幫助投資者避免因短期波動而錯過長期布局的良機。

亮點3：全方位投資範例，涵蓋股票、ETF、基金等多種工具

　　本書並不僅僅侷限於某一類型的投資工具，而是涵蓋了股票、

ETF、基金等多種理財工具。書中的每個範例都詳細介紹了不同工具的優劣勢，幫助投資者根據自身的風險承受度與投資目標，選擇最合適的產品。這樣的設計不僅提升了讀者的學習效果，還能幫助他們更靈活地在不同市場環境中切換策略。

例如，在談到ETF投資時，超馬芭樂不僅僅介紹了高股息ETF的選擇標準（如發行日期、成分股篩選原則等），還進一步分析了「非高股息ETF」的4大類別，幫助讀者理解不同ETF的配置方式與使用策略。這樣的內容，對於那些希望透過ETF布局全球市場的投資者來說，具有很高的參考價值。

亮點4：投資心法與心理建設並重，幫助投資者穩定心態

超馬芭樂一直強調，投資不僅僅是策略的運用，更是心態的考驗。在本書中，他特別針對不同投資者的心理建設，給出許多中肯的建議。無論是面對市場波動時的情緒管理，還是當投資策略遭遇短期挫折時的自我調整，書中都給出了具體可行的操作指南。

例如，他提到「不要用夢幻殖利率當選擇標準」，這句話看似簡

單，但背後卻包含了對投資者心態的深刻洞察：太過追求短期高殖利率的結果，往往會導致投資者忽視長期風險，最終陷入高風險的陷阱中。

亮點5：無縫結合個案與操作指南，提供可操作性極強的方案

書中的每個範例都不是單純的理論分析，而是有具體的操作指南。超馬芭樂不僅僅在書中介紹了每一種策略背後的邏輯，還附上了實際的操作步驟，幫助讀者在閱讀後能夠立即上手。

像是在介紹「如何挑選高股息ETF老將」時，他提出了4個關鍵指標：成分股篩選原則、持股調整時程、合理殖利率與換股操作能力。每個指標後面都有具體的案例分析與操作步驟，讓讀者不僅能夠了解理論，更能在自己的投資實踐中靈活運用。

結語：打造屬於你的最美財富人生

《超馬芭樂來我家—投資理財實境個案全解答》這本書不僅僅是一個投資指南，更是一個投資者在實踐過程中可以依靠的夥伴。透過本書，讀者能夠看到超馬芭樂多年來累積的智慧結晶，理解投資不僅僅是

選擇合適的工具，更是需要從全局角度看待每一個投資決策的影響。無論你是剛入門的新手，還是有多年經驗的老手，都能在這本書中找到適合自己的策略與方法。

我與超馬芭樂都堅信，投資的真正目的不是為了追求極大收益，而是和我提倡的「CASH行動法則」一樣，為了創造長期可預期且持續性的現金流收入，讓生活更加自由而努力。

而這本書正是將這個理念體現得淋漓盡致。它引導讀者以投資達到生活的平衡與自由，幫助每一位投資者打造屬於自己的「最美財富人生」。無論你現在身處何地，面對什麼樣的投資難題，都能從書中的智

（本文作者為投資理財專家、配息達人、CASH行動法則實踐家、陪伴式學習網校創辦人）

一個芭樂變成芭樂樹的故事

── 詹璇依 ──

「投資這個領域不存在7天前米其林，7天後林志玲。」

「人家是魯夫，你是滷蛋。」

永遠會迸出讓人嘴角失守的順口溜，

這是我認識的芭樂哥。

靠著毅力跟自律把自己瘦成芭樂樹，

這也是我認識的芭樂哥。

已經財富自由卻閒不下來天天傳達正確財商知識，

這也是芭樂哥。

　　跟超馬芭樂的緣分，要從我喜歡上主動基金開始，先拜讀了超馬芭樂哥的知名著作，是的，就是38歲有上億身價從此財富自由的那本，書中流暢又幽默的文筆，還有針對基金的操作方式，讓我對這號人物心生好奇。

　　而在我成為獨立財經人，主持帶狀節目之後，第一次邀約超馬芭樂上節目，從頭到尾我嘴角都維持在上揚狀態，「太有趣了這個人！真的好像在看行走的書─出口能成章且句句有底蘊。」針對訪綱不只能正中

下懷的回答，幫投資人解決問題，也展現他不只是講話好笑、不只是愛跑超馬，可還是一位正經的財經人士。

我還記得那時候的題目是，1.請舉例200萬元本金想月領1萬元的ETF或金融股？ 2.請舉例本金400萬元想月領25,000元的做法（年化配息率約7.5%）？錄影前，芭樂哥非常可愛地問我：「妳這是有做過問卷調查嗎？因為我相信這是絕大部分人都很想知道的。」果不其然，當時這集的點閱創下節目開播來新高，在在顯示芭樂哥很懂投資朋友的心。

這次的《超馬芭樂來我家─投資理財實境個案全解答》，還未見到內文，光聽到芭樂跟我分享這企劃時，就覺得非常有趣且用心，也只有如此接地氣又幽默的芭樂哥辦得到啊！

他很能設身處地替不同的受眾解決投資上的痛點並提供價值，在這本書當中，芭樂哥化身投資醫生，解決了10個案例，當中有股票操作、也有他擅長的ETF布局跟基金投資，也許書中的其中一個案例，就剛好是困惑你許久的投資難題，終於因為這本書找到了鑰匙，解開你腦中的那道鎖。

至於為什麼我的標題會說芭樂樹呢？大家在翻閱此書時，如果仔細

看看書中照片，就會逐漸看到芭樂消風變成芭樂樹的演變；日復一日地跑步健身，飲食也相當控制，他就是一個這樣的男人，不會光說不練，用實際行動力讓學員跟粉絲看到他的自律跟踏實。

確實健身跟投資很像，一開始覺得自己好像白費功夫，但當你堅持紀律跟長期投資，慢慢地資產成長的速度跟身體變健康精實的程度不會欺騙你，但前提是要用對方法，選好正確的策略，否則就會跟芭樂哥常說的一樣，股票上漲沒錯啊！但你少了3個字「別人的」，上漲的都是「別人的」股票。

所以如何不要讓自己當「滷蛋」卻羨慕別人是「魯夫」，跟著超馬芭樂的投資哲學，一起跑一場不是完美、但永遠會更美的投資馬拉松。

（本文作者為財經主播、《鏡電視》新聞台《璇轉理財腦—發現錢景》主持人、基金小姐姐詹璇依 YouTuber、財經作家、家庭財務規劃師）

Contents 目錄

| PART 1 / 股票投資篇 |

⋯→ Chapter 1 332法則賺趨勢財

婚攝老闆沒時間看盤 買股如何低進高出

⋯→ Chapter 2 靠股票股利滾大資產

職能治療師花錢學操作卻賠錢怎麼解

| PART2 / ETF投資篇 |

Contents 目錄

| PART**4** / 投資觀念篇 |

⋯→ Chapter **9**　參與股票抽籤必賺訣竅

科技主管疑惑　股票抽籤是無風險投資嗎

⋯→ Chapter **10**　舉債投資不是穩賺生意

銀行主管想增貸買高股息 ETF 可行嗎

PART 1 / 股票投資

···→ **332法則賺趨勢財**

···→ **靠股票股利滾大資產**

332法則賺趨勢財

婚攝老闆沒時間看盤，買股如何低進高出？

對談日期： 2023年8月19日
受訪朋友： 土城Jay（41歲，婚攝工作室老闆）
和Summer小倆口

「禿子跟著月亮走」
沾光投資法

第 1 步：明確定義趨勢

1. 必須現在或在可預見的將來，具有普及性

2. 必須涵蓋足夠的相關個股

3. 必須有「對應指數」

第 2 步：遴選適當標的

1. 有人氣：日成交量要夠大

2. 有名氣：外資與大戶參與度要夠大

3. 有底氣：對應指數啟動時，個股的反應要夠大

第 3 步：制定投資策略

1. 進場：對應指數還原月K值20之下先進一半，還原月KD值出現黃金交叉，且價格收過黃金交叉之高再進一半

2. 出場：對應指數還原月K值80之上先出一半，還原月KD值出現死亡交叉，且價格收破死亡交叉之低再出一半

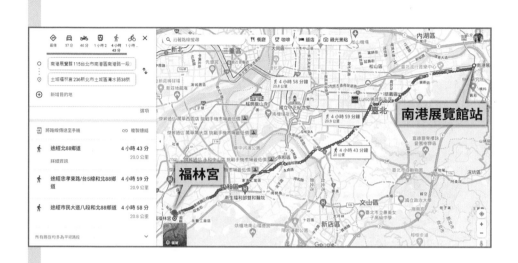

對談地點： 新北市土城區清水路38號（福林宮）

慢跑路徑： 超馬芭樂先搭捷運到南港展覽館站，再慢跑至土城的福林宮。

跑步心得： 跑馬拉松賽事時，與其自己獨跑，不如緊跟著前方的一個高手，不但可以靠他破風擋風，更能控制自己的步頻與速度，往往成績會進步很多；就像投資時跟著關鍵指數再順勢進出，績效往往會比自己衝闖好很多。

對談主題： 人云亦云，總是不知所云，道聽塗說更難自圓其說，有沒有客觀且有效的選股投資法？

對談心得： 原來，除了萬綠叢中一點紅，或者眾人皆醉我獨醒的選股，「禿子跟著月亮走」的投資效率與效果其實更棒！

土城 Jay：芭樂大，我白天工作比較忙，很難看盤，但我又不想做買了就擺著的超長期投資，我該怎樣低進高出地操作股票比較好？

超馬芭樂：很多人都希望能像巴菲特那樣精挑細選一檔好股票，然後買了就擺著，這樣做似乎滿適合沒空操作的投資人，你為什麼不想這樣做？

土城 Jay：因為受不了啊！我們又不是巴菲特，股價跌了也不怕，就像是台積電（2330）那麼好的股票，當它在2022年初從將近700元，不到1年時間就幾乎攔腰砍地跌破400元，怎麼可能無感？所以我尊重巴菲特操作法，但是我更清楚那並不適合我。

超馬芭樂：本來投資就沒有最完美，只有最適合，每個人其實都應該去思考哪種投資方式適合自己，才有機會開心愉悅地優遊於股海。現在就來分享「禿子跟著月亮走」之沾光投資法。

1-1 採用合適的選股邏輯

選股邏輯基本上可分為2種。第1種是「由下而上法」(Bottom-Up)，選股策略關注「個股」，認為個股本身的好壞是關鍵，只要找到好股票，就不用在意景氣、環境、大盤等影響。

譬如新冠肺炎疫情席捲全球時，台股重挫超過3成，但是同一時期卜蜂(1215)反而上漲超過3成，泰山(1218)的漲幅更是將近8成，所以我稱它為「眾人皆醉我獨醒」，因為「特別」。

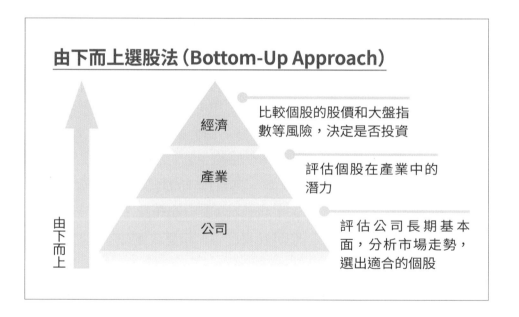

第2種是「由上而下法」(Top-Down)，選股策略關注「擇時」，也就是說，當大盤、某檔類股、某個趨勢有機會時，就挑選該類股或該趨勢中的某檔個股來操作。

譬如你很常聽到的AI概念，當AI趨勢動了，相關個股就會跟著

動，只要挑選上漲潛力最佳的標的就好，所以我稱它為「禿子跟著月亮走」，因為「沾光」。

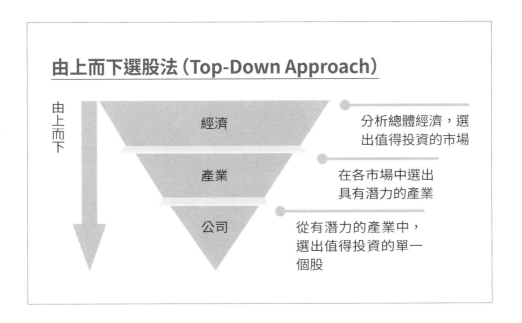

這2種選股策略各有特點，沒有孰優孰劣，重點在於，到底是特立獨行的「特別」你比較喜歡，還是絕不獨行的「沾光」比較適合你。

考量到一般人白天工作較忙，加上對於個股的財務報表、基本面、籌碼面分析等項目比較不熟悉，所以會建議參考「禿子跟著月亮走」的「沾光」法，亦即先抓趨勢、再挑個股、乘勢而進、順勢而退。問題是，很多人不只是對個股的財務報表很陌生，也對總經指標沒概念，要怎麼跟著月亮走？

首先，我們要決定何謂「趨勢」，有專家相信的趨勢，也有媒體推薦的趨勢，或者奇摩股市提供的趨勢概念股，不過，我們現在要定義的趨勢，是為了投資操作，所以不用討論太學術性的內容。

找出具投資潛力的趨勢

採用實務版、由上而下的「沾光」投資法。首先要決定何謂「趨勢」，以下是專家相信的趨勢，也是媒體推薦的趨勢。

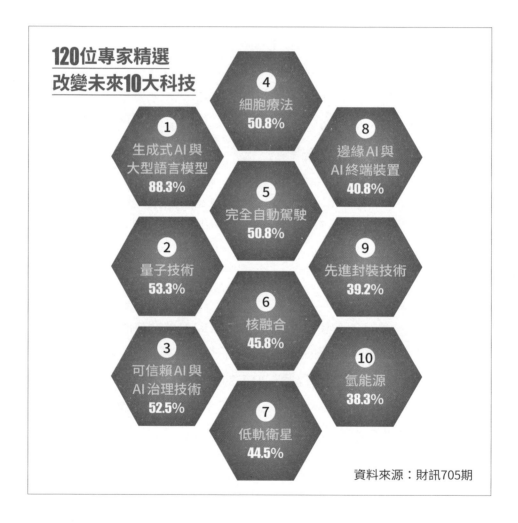

資料來源：財訊705期

「Yahoo奇摩股市」（tw.stock.yahoo.com）也有提供趨勢概念股，項目更多元。

台股的概念股類別

蘋果200大供應商	MOSFET	Toyota 供應鏈	AI 理財機器人
Google Pixel	OPPO 供應鏈	米其林摘星	聯發科供應鏈
夏日飲料	無人商店	跨國連鎖餐飲	AirPods
VR 虛擬實境	汽車電子	台幣升值	中國台商 汽車組件
智慧音箱	防疫概念	Apple watch	AI 人工智慧
空汙	Apple Pay	紡織機能運動	再生循環
銀髮商機	Sharp 供應鏈	雙十一	小米供應鏈
3D 感測	日圓貶值	互聯網＋	第三方支付
iPhone	博奕觀光	一帶一路	車聯網
3D 列印	補教／民辦教育	新掛牌	Apple iTV
三星供應鏈	雲伺服器	Amazon Go 應用技術	iPad
電競產業	空汙防治	行動支付	台資在中國 高獲利
折疊手機	人民幣升值	歐元貶值	通膨概念
無人機	WiFi 6	Mini LED	FinTech

資料來源：Yahoo 奇摩股市，2024/9/30

很多人都認為「AI」是趨勢，OOSGA顧問公司研究報告指出：「⋯
行動人工智慧AI是指將人工智慧能力和演算法整合到智慧型手機、平
板電腦、穿戴式裝置和物聯網設備等行動裝置，以實現行動中的智慧和
情境感知應用和服務。AI的技術、資源以及基礎建設已經趨近成熟，只

要有策略性地規劃投資與發展方向，AI都能夠為組織帶來龐大的商業價值。市場預估，全球AI市場需求將從2023年的197.8億美元達到2032年近1,928.3億美元的市場規模，複合年成長率高達28.8%…」。

「3D列印」也是一種趨勢，Global Information (GII) 相關研究報告寫道：「…3D列印當前最大產業別為國防、消費性電子、汽車、航太、重工業等，未來可進一步應用於生醫、建築等行業，可說是當前應用範圍很全面的底層技術之一。由於各行業對3D列印服務和解決方案的需求不斷增加，預計2023～2030年的複合年成長率為25.5%…」。

「5G」也是趨勢：「…5G作為人工智慧、邊緣計算、大數據、區塊鏈等尖端技術落地的最後一塊拼圖，將促進相關技術與應用的深入發展。基本上5G的傳輸速度更快、可靠度更高，消耗能源較少，巨量連網能力也更強，可望為企業和廣大社會帶來革命性的改變。市場預估5G驅動的生產力和效率提升，可於2030年為全球GDP增加1.3兆美元，2020～2035年間，全球5G產業鏈投資額預計將達到約4兆美元…」。

3面向確認趨勢

聽起來好像每個都是，但該如何明確定義什麼是趨勢？什麼不是趨勢呢？

其實趨勢本來就沒有明確的定義或標準，不同人站在不同立場，就會有不同的解讀，就像有些人認為加密貨幣是趨勢，但有些人則是對它嗤之以鼻；有些人不覺得航太工業是趨勢，但有些人則是心嚮往之。

不過，我們現在要定義的趨勢，是為了投資操作，只要掌握現在已經，或是可預見的將來都認同、共享之事，也就是所謂順勢操作的「勢」即可。基本上，我們必須評估3大面向。

面向1：該趨勢具有普及性

現在或在可預見的將來具有普及性，亦即無論是自己、家人、朋友，都已經或有可能會認同、接受、參與、共享之事。譬如人工智慧AI，從某個角度而言，它就是電腦科技的持續進步；又譬如5G，其實應該說XG，因為從2G、3G、4G到現在的5G，之後還會進階到6G、7G，所以我相信AI跟5G都是市場趨勢。

面向2：該趨勢涵蓋足夠個股

譬如我認為AI和5G是未來的趨勢，而與AI和5G相關的個股，就算沒有幾百檔，也有幾十檔。相對來說，有人覺得空汙防治是趨勢，因為環保議題和汙染防治的觀念越來越普遍。但此時就要討論，空汙防治的相關個股有幾檔？事實上只有少少的6檔，包括：恆大、熱映、佳醫等，說它是題材還可以，說它是沛然不可擋的趨勢，就有點牽強了。

台股空汙防治概念股：6檔

股票名稱／代號	股價	漲跌	漲跌幅	開盤	昨收
恆大 1325	28.00	▼0.15	▼0.53%	28.30	28.15
熱映 3373	23.40	▼0.05	▼0.21%	23.45	23.45
佳醫 4104	87.80	▼0.40	▼0.45%	88.20	88.20
三聯 5493	92.00	▼1.90	▼2.02%	94.90	93.90
巨路 6192	118.50	▲0.50	▲0.42%	116.50	118.00
康那香 9919	19.90	▲0.10	▲0.51%	19.85	19.80

資料來源：Yahoo奇摩股市，2024/9/30

完整空汙防治概念股名單
請掃 QR Code

台股AI概念股：54檔

股票名稱／代號	股價	漲跌	漲跌幅	開盤	昨收
東元 1504	48.80	▼0.85	▼1.71%	49.90	49.65
川湖 2059	1,100.00	▼105.00	▼8.71%	1,180	1,205.00
台達電 2308	380.50	▼19.50	▼4.88%	389.50	400.00
金寶 2312	21.70	▼0.05	▼0.23%	21.45	21.75
鴻海 2317	187.50	▼3.50	▼1.83%	190.00	191.00
台積電 2330	957.00	▼43.00	▼4.30%	978.00	1,000.00
宏碁 2353	40.80	▼0.85	▼2.04%	41.65	41.65
英業達 2356	43.10	▼1.25	▼2.82%	44.00	44.35

資料來源：Yahoo奇摩股市，2024/9/30

完整AI概念股名單
請掃QR Code

台股5G概念股：71檔

股票名稱／代號	股價	漲跌	漲跌幅	開盤	昨收
台揚 2314	29.95	▼0.05	▼0.17%	29.90	30.00
楠梓電 2316	50.60	▲3.20	▲6.75%	47.40	47.40
鴻海 2317	187.50	▼3.50	▼1.83%	190.00	191.00
台積電 2330	957.00	▼43.00	▼4.30%	978.00	1,000.00
友訊 2332	19.35	▲0.05	▲0.26%	19.15	19.30
智邦 2345	532.00	▼10.00	▼1.85%	530.00	542.00
宏碁 2353	40.80	▼0.85	▼2.04%	41.65	41.65
英業達 2356	43.10	▼1.25	▼2.82%	44.00	44.35

資料來源：Yahoo奇摩股市，2024/9/30

完整5G概念股名單
請掃QR Code

面向3：該趨勢必須有對應指數

　　很多人認為銀髮商機是趨勢，主要原因不只在台灣已經邁入高齡社會，全世界的老人化社會都即將來臨，而且銀髮商機的相關個股有30檔，不過，儘管銀髮商機的相關個股不算少，但還缺少了最關鍵的一樣東西，那就是「對應指數」。

　　舉例來說，AI有元大全球AI（00762）ETF、特選臺灣AI優息動能指數等可供參考的對應指數；5G有元大全球5G（00876）ETF、國泰台灣5G＋（00881）ETF、臺灣5G指數等可供參考的對應指數。銀髮商機，沒有；3D列印，沒有；水資源，沒有；加密貨幣，沒有。因此它們可以是某種定義的趨勢，但不會是投資操作時採用的趨勢。

　　對應指數之所以重要，主要是因為爾後要採用的是「由上而下」、「禿子跟著月亮走」的沾光投資法，關鍵是「月亮」，而那個月亮指的就是對應指數，亦即當對應指數位於相對低檔且有啟動跡象，我們就能從中選擇優質個股並乘勢進場。

　　反之，當對應指數已至相對高檔且有轉弱跡象，我們操作的那檔優質個股就可以順勢退場。也因此，如果欠缺對應指數，即便那個趨勢現在或在可預見的將來具有普及性，也至少涵蓋了數十檔個股，只要欠缺對應指數，就不會是投資操作時採用的趨勢。

　　實戰的意義，就在於真能實際應用，如果今天芭樂大到你家講的都是火星文跟文言文，那就一點意義都沒有了。

　　不過我們才完成了第1階段：定義操作趨勢，還沒結束喔！簡單來講，既然是禿子跟著月亮走，就表示必須要等到有月亮且有皎潔月光映照之時，禿子才可以朗月清風、踏月而行；如果雲層太厚，想要沾光的禿子在此時出來，肯定會看不清路況而跌跌撞撞，所以順勢操作，絕對不是隨便買，而是乘勢而進、順勢而退。

1-2 優質個股應具備3特質

　　完成了第1階段的定義操作趨勢，接下來是第2階段：如何遴選值得操作的優質標的。

　　其實很多人都知道AI和5G是趨勢，也都知道順勢操作就好，不過這些趨勢涵蓋的層面都很廣，包括了上、中、下游的數十檔個股，當趨勢啟動時，隨便挑一檔都可以嗎？當然不是！我們屬意的個股標的，要具備以下3種特質：有人氣、有名氣、有底氣。

特質1：有人氣

　　成交量要夠。譬如AI趨勢中涵蓋了一檔：走著瞧-創（6902），它每天的成交量幾乎都是個位數，不是因為它的股價超過百元，太高了、不值得追蹤，而是因為它就是沒人氣。台燿（6274）的股價更貴，但是它每天的成交量都有數千張，就有評估價值。

　　又譬如5G趨勢中有一檔統新（6426），它每天的成交量只有100、200張，類似這種成交量偏低的個股，會有流動性風險，想買卻買不到也就罷了，想賣卻賣不掉才危險。至於日成交量要多少才能稱之合格？這倒也沒標準，不過就我的經驗來看，至少要1,000張才算OK。

　　另外，即便有人氣，但是覺得股價太貴了，像AI趨勢中的川湖（2059），及5G趨勢中的緯穎（6669），股價都站上千元，若也不想買零股，那就自動淘汰。

特質2：有名氣

　　若人氣還不錯，亦即成交量還可以，價格也不貴，且如果不只你喜歡，還有其他很多人也對它青睞有加，就可以讓人比較放心點。

就像你去日本東京玩，那邊有一條很有名的拉麵街，拉麵店超多家，鹽味、豚骨、味噌、海鮮口味各有擅長，幾乎家家都有人在排隊。你的想法是，沒人排隊的不去，因為吃飯時間竟然都沒人，你會有點擔心它是不是不好吃，這就是剛剛提到的人氣。

　　再來，你會參考網路評價或部落客、美食家的推薦，既然都要排隊，就去排大家都推薦的名店，應該比較有機會吃到美食，這就叫做名氣，所以我們也要參考一下個股的名氣。

　　所謂個股的名氣，指的是「外資籌碼」跟「大戶籌碼」，如果一檔個股還算有人氣，但是有錢的外資並不領情，消息最多的大戶也沒興趣，亦即欠缺名氣，那也不會是我們屬意的標的（這些資料在Yahoo奇摩股市都找得到）。

有名氣的AI概念股

股票名稱／代號	股價	漲跌	漲跌幅	外資籌碼	大戶籌碼
東元 1504	48.80	▼0.85	▼1.71%	11.29%	72.89%
川湖 2059	1,100.00	▼105.00	▼8.71%	18.40%	58.23%
台達電 2308	380.50	▼19.50	▼4.88%	65.08%	78.93%
金寶 2312	21.70	▼0.05	▼0.23%	11.74%	51.67%
鴻海 2317	187.50	▼3.50	▼1.83%	38.84%	67.30%
台積電 2330	957.00	▼43.00	▼4.30%	73.69%	87.06%
宏碁 2353	40.80	▼0.85	▼2.04%	27.35%	46.22%
英業達 2356	43.10	▼1.25	▼2.82%	14.49%	65.49%
華碩 2357	553.00	▼15.00	▼2.64%	52.42%	63.19%
金像電 2368	198.00	▼6.00	▼2.94%	15.66%	69.43%

資料來源：Yahoo奇摩股市，2024/9/30

　　至於怎樣叫做外資領情、大戶有興趣，就我的經驗來看，外資籌碼比例至少要有10％，大戶籌碼則至少要有20％，兩者不是擇一，而是要兼具，才算是標的有名氣的基本條件。

排除欠缺名氣的 AI 概念股（外資籌碼不到10%）

股票名稱／代號	股價	漲跌	漲跌幅	外資籌碼	大戶籌碼
凌群 2453	54.00	▼0.60	▼1.10%	7.66%	42.81%
零壹 3029	89.00	▼1.80	▼1.98%	7.16%	31.27%
僑威 3078	66.40	▼0.90	▼1.34%	5.71%	31.93%
波若威 3163	157.50	▼3.00	▼1.87%	4.44%	22.55%
亞信 3169	114.00	▼1.50	▼1.30%	1.97%	32.19%
高技 5439	96.00	▼2.10	▼2.14%	5.75%	25.69%
達發 6526	632.00	▲1.00	▲0.16%	8.13%	74.07%
宏碁資訊 6811	248.50	▲2.00	▲0.81%	3.43%	63.46%
長佳智能 6841	84.80	▲0.20	▲0.24%	1.59%	42.19%
走著瞧-創 6902	152.50	▲2.50	▲1.67%	2.40%	64.64%

資料來源：Yahoo 奇摩股市，2024/9/30

　　透過特質2，我們就能再篩除掉一些外資籌碼或大戶籌碼不盡理想，亦即名氣不足的個股。以高技（5439）為例，外資籌碼不到10％，就可以先剔除。超馬芭樂也要強調，欠缺名氣而不列入討論，並不表示它們是爛股票，千萬別誤會喔！芭樂大絕對沒有這個意思，那只是用某個標準的篩選過程，就像因為價格太高所以我們不選台積電、聯發科、大立光，但我們也絕對不會說它們是爛股票。

特質3：有底氣

　　簡單來講，當趨勢行情啟動時，或許相關個股都有機會跟著沾光、隨之而動，但我們仍希望選的標的是底氣飽滿，衝勁十足者。趨勢沒動，自然不躁進、不動作；一旦行情啟動，它就有本事積極地漲、表現亮麗，這部分就得進行績效對比。

　　之前2020年初到2021年底AI趨勢啟動時，AI相關個股通常也都會隨之上漲，其中華碩（2357）的漲幅為+104.78%（日成交均量至少3,000張，外資籌碼比重至少50%，大戶籌碼比重超過60%，條件符合）；宏碁（2353）的漲幅為+95.14%（日成交均量超過20,000張，外資籌碼比重接近30%，大戶籌碼比重約莫50%，條件符合）；仁寶（2324）的漲幅為+63.24%（日成交均量至少20,000張，外資籌碼比重超過40%，大戶籌碼比重接近70%，條件符合），這3檔都是AI概念股，也都會隨著AI趨勢行情而啟動。其中又以華碩漲勢最驚人，表示底氣最足。

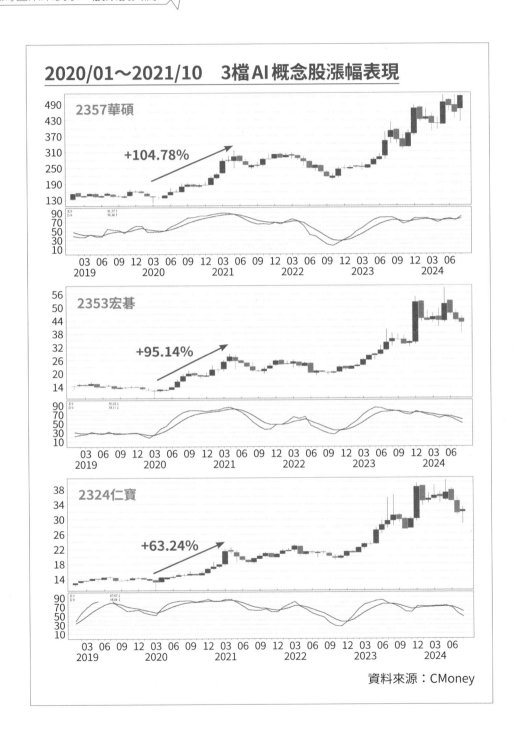

2020/01～2021/10　3檔AI概念股漲幅表現

2357華碩　+104.78%

2353宏碁　+95.14%

2324仁寶　+63.24%

資料來源：CMoney

1-3 設定進出原則 制定操作策略

以3大面向決定了操作趨勢,再以3大特質遴選了操作標的,接下來便是設定進出原則、制定操作策略。

所謂的乘勢而進,就是對應指數還原月線的月K值已落在20以下時,表示月光初現了,此時精選標的可以先布局一半。之後,當出現KD黃金交叉,且收過黃金交叉之高點時,表示趨勢有機會正式啟動,那麼,精選標的可以再進一半。

反之,當對應指數還原月線的月K值已漲至80以上時,精選標的可以先調節一半;之後當出現KD死亡交叉,且收破死亡交叉之低點時,表示趨勢很可能又到了該休息的時機,精選標的可以全部出場。

同樣以AI趨勢與相關的4檔個股來討論。當2022年休息大約一年後,AI趨勢再度啟動時,AI對應指數元大全球AI(00762)月線的還原月K值於2022年9月落在20之下,此時華碩可先布局一半部位;之後當

AI概念股走勢:以元大全球AI為例

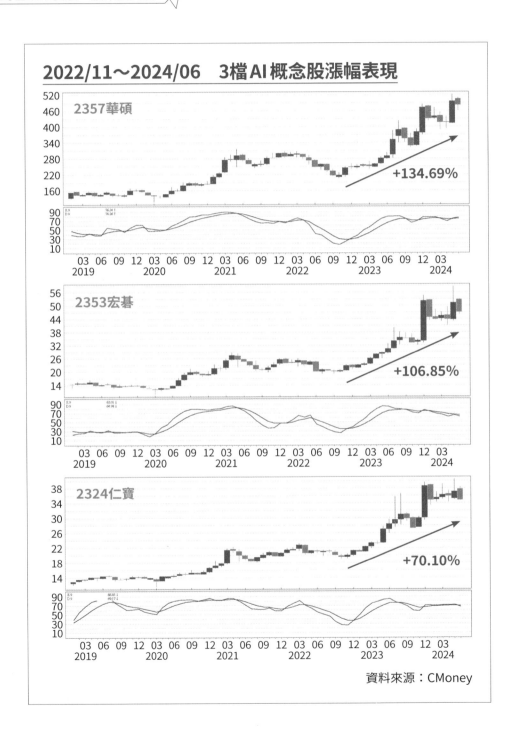

2022/11～2024/06　3檔AI概念股漲幅表現

2357華碩　+134.69%

2353宏碁　+106.85%

2324仁寶　+70.10%

資料來源：CMoney

2023年1月～2023年2月的月KD值出現黃金交叉，且股價收過黃金交叉之高點時，可以再進一半。

之後，AI對應指數00762還原月線的月K值於2023年6月抵達80以上，表示烏雲出現了，華碩可以先調節一半的部位；2024年4月雖出現死亡交叉，但之後的5月，股價不但沒有收破死亡交叉之低點，更是突破死亡交叉之高點，表示趨勢仍將延續。

2024年7月再次出現死亡交叉，8月股價收破死亡交叉的低點，出場收工囉！

而不論是2021～2022年，還是2023年的上漲過程，幾檔AI相關個股中，人氣、名氣、底氣皆足的華碩，表現都比宏碁與仁寶強，證明抓對趨勢外，再挑優質股買進，獲利最豐厚。

當下次再出現操作機會時，相信投資人就知道該怎麼做了！

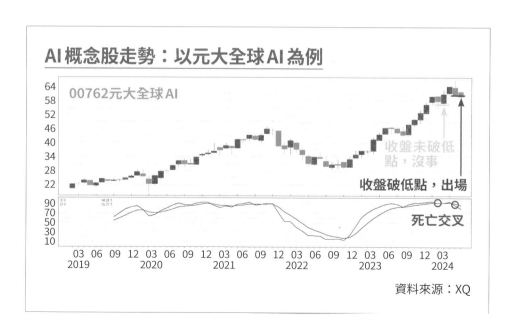

AI概念股走勢：以元大全球AI為例

00762元大全球AI

收盤未破低點，沒事

收盤破低點，出場

死亡交叉

資料來源：XQ

訪談後記

土城 Jay：這樣我全都聽懂了，而且這就是我目前最需要的投資方法！我沒辦法天天看盤，所以不要硬想著天天低進高出。但是，我還是要做功課，了解何謂趨勢，並且評估目前的趨勢是蓄勢待發、蠢蠢欲動，還是已經漲多、需要休息，再順勢操作最有人氣、名氣與底氣的個股，對吧？

超馬芭樂：沒錯！知道自己適合哪種投資方法，然後根據具體的原則、執行適當的策略，這樣才會開心！

土城 Jay：真的非常感謝芭樂大，今天受益良多，也謝謝芭樂大專程跑來我們家，希望之後還有機會再邀請芭樂大。

超馬芭樂幫你檢視持股

　　讀者如希望超馬芭樂幫你確認，挑的是不是順勢投資的好標的，請到超馬芭樂的臉書粉專私訊我，芭樂大很樂意幫你檢視。

超馬芭樂FB粉專

Chapter 02

靠股票股利滾大資產

職能治療師花錢學操作卻賠錢怎麼解

對談日期：2023年7月21日
受訪朋友：台北宜洧（40歲，醫院
　　　　　職能治療師）

3步驟
讓股票資產自動增值

步驟 1：釐清投資目標

1. 了解投資目標不是低進高出地操作股票，而是有效地增加持股張數

2. 靠股票股利讓資產自動長大

步驟 2：選對投資標的

1. 選擇適當的投資標的，不是選現金股息高者，而是股票股利發放穩定且佳者

2. 從過去公司股利政策發掘好股票

步驟 3：建立持股方式

1. 最晚於除權前一日買進遴選標的

2. 若同時配發現金股利，將配息再投資該標的

3. 除非股利政策明顯變差，不然持股續抱

對談地點：台北市忠孝東路一段31號星巴克

慢跑路徑：超馬芭樂先搭火車到七堵火車站，再慢跑至星巴克紹興門市。

跑步心得：為了拚獎牌站凸台，很多跑者會執行各式各樣的訓練計畫，不過如果只希望擁有健康的身體與享受開心地跑步，只要自律地每天跑操場，身體素質與體力就會慢慢地進步，不用多久就可以參加並完成馬拉松。投資當然也是一樣的道理，不一定需要複雜的心法，才能賺到大錢；按表操課，點滴累積，就能用時間滾大資產。

對談主題：不想股票買了就擺著不動，也不想頻繁買進賣出，有什麼方法能讓資產增值？

對談心得：原來除了低進高出、高空低補，只要方法對了、標的對了，就算股價5年都沒漲，資產還是能翻兩番！

訪　談

台北宜洄：芭樂大，我之前有去聽一些名師的投資課程，花錢學了一些操作方法，不過，到目前為止，操作績效都不好。因為不論進場或出場，都常常錯過時機，尤其偶而還得輪大夜班，真的沒時間也沒精力「低進高出」。所以，我想聽聽芭樂大的建議，是不是我就乾脆不要再投資會比較好？

超馬芭樂：我先問一下，妳在醫院任職，工作的穩定性不輸公家機關，薪資也不錯，為什麼還想投資？

台北宜洄：我倒也不是真的有多缺錢，只不過，誰會嫌錢多啦？

超馬芭樂：說得也是！其實投資的目的不外乎是「資產增值」和「領取被動收入」，妳今天想問的是如何讓資產增值，芭樂大就簡單跟妳分享一些方法。

2-1 靠股利讓資產自己長大

一般而言，想投資股票讓資產增值，大家想到的就是挑選好股票，然後無論是當沖、隔日沖、短線操作、波段操作、長期投資，都期待能在股價跌深時逢低買進、股價漲多時落袋為安，亦即透過「低進高出」來賺取價差。

這樣做當然沒錯，從金控操盤室退休的超馬芭樂，當時的工作就是這樣。不過，上班族因為工作的關係，根本沒有時間、也沒有精力做到「低進高出」這件事。

尤其許多投資人學的很多操作方法，都需要常常看盤、甚至時時盯盤，即使學的方法還不錯，但是若客觀環境沒辦法讓人發揮，操作也是會不順。因此，想藉由股票投資來讓資產增值，就要靠另外的方法。

當股東有「年中」獎金

這個方法就是，不靠股票價格上漲，而是靠股票張數增加來養大資產。在台灣投資股票當股東其實很不錯，雖然不能像員工那樣領取「年終」獎金，不過，股東在「年中」能領取另一種形式的獎金，通常有兩種：現金股利和股票股利。

現金股利就是公司直接發現金給你，譬如2024年9月12日台積電（2330）發給股東4元現金股利。意思是，如果你有1張台積電，可以領到4,000元現金；如果你有10張台積電，可以領到40,000元現金。

不過，如果你有10張台積電，你會希望台積電送你40,000元現金，還是送你1張台積電股票？當然是送1張台積電股票比較好。現在1張台積電約百萬元，如果能平白拿到1張股票，當然會很開心，因為這表示資產增加了。

如果是配發1元現金股利，當你有10張股票，無論是很貴的台積電，還是很便宜的華邦電(2344)，都是領到現金10,000元。不過，如果是配發1元股票股利，當你有10張很貴的台積電，公司就會送你1張價值約百萬元的台積電；你有10張華邦電，公司也會送你1張價值2萬多元的華邦電，再怎麼算都還是比1元現金股利好。

現金股利 vs. 股票股利

現金股利	股票股利
公司將盈餘以現金配發 配息＝領股息＝拿現金	公司將盈餘以股票配發 配股＝領股利＝拿股票
除息	除權
配息1元	**配股1元**
持有1張股票，送獎金1千元 持有10張股票，送獎金1萬元	持有1張股票，送贈品0.1張股票 持有10張股票，送贈品1張股票

Tips 股票除權息是什麼意思？

　　「除」是「分配」的意思，除權是分配「股票」，除息是分配「現金」。
　　除權息是指公司將前一年的獲利以股票股利或現金股利的方式分配給股東，就是股東的「投資報酬」。除息是讓股東領取現金股息，根據持有的股數分配現金到證券帳戶中；除權是公司以股票形式將盈餘發給股東，直接將股票匯入集保帳戶。除權息日大多集中在每年6至8月間。

2-2 實際經驗分享 以欣雄為例

透過股票股利讓資產增值的效果,芭樂大把自己的實際經驗跑一遍給大家看。以下就說明欣雄(8908)在2019~2023年的投資成果。

投資欣雄5年 資產增加1.8倍

我是2019年8月28日買進欣雄,當天股價為45.05元,共投入200萬元,當時買進約44.4張(2,000,000÷[45.05×1,000])。

2019年,欣雄配發股票股利0.9元,表示手中如果有10張欣雄,公司就會額外贈送0.9張。在2019年8月28日買進並持有44.4張,隔天公司就會贈送約4張欣雄的股票([0.9×44.4]÷10),手上持有的張數從44.4張增加至48.4張。

欣雄的現金股利也是0.9元,表示手中如有1張欣雄,公司就會額外贈送給你900元(0.9×1,000)。持有44.4張,就可領到39,956元(900×44.4),我把這筆錢當作是投資的資金,打算擺到隔年再用。

投資欣雄(8908)200萬元:第1年成果

除權息年度	現金股利	股票股利	除權日(何時送禮)	除權息前股價	除權息前張數	除權息後張數	除權息後現金股息
2018	0.9元	0.9元	2019/08/29	45.05元	44.4張	48.39張	39,956元

到了2020年,不投入新的資金,只用前一年欣雄贈送的39,956元股息繼續加碼,當時的股價為56.4元,表示可以買進約0.7張(39,956÷[56.4×1,000])。在欣雄準備送股票之前,手中的持股張數已經不只是48.4張,而是多了0.7張,變成49.1張。

欣雄2020年的股票股利為1.1元，表示手中如有10張欣雄，公司就會額外贈送1.1張。2020年8月30日持有49.1張，隔天公司就會贈送約5.4張欣雄的股票（[1.1×49.1]÷10），此時，手上持有的張數，就會從49.1張增加至54.5張。

　　此外，欣雄的現金股利還是0.9元，表示手中如有1張欣雄，公司就會額外贈送900元（0.9×1,000）。持有49.1張，就可領到44,189元（900×49.1），這筆錢依然是投資的資金，擺到隔年再用。

投資欣雄（8908）200萬元：第2年成果

除權息年度	現金股利	股票股利	除權日（何時送禮）	除權息前股價	除權息前張數	除權息後張數	除權息後現金股息
2018	0.9元	0.9元	2019/08/29	45.05元	44.4張	48.39張	39,956元
2019	0.9元	1.1元	2020/08/31	56.4元	49.1張	54.5張	44,189元

　　到了2021年，還是不投入新的資金，就用前一年欣雄贈送的44,189元股息繼續加碼，當時的股價為61.8元，表示可以買進約0.7張（44,189÷[61.8×1,000]）。在欣雄準備送股票之前，手中的持股張數已經不只是54.5張，而是多了0.7張，變成55.2張。

　　欣雄2021年的股票股利為1.2元，表示手中如有10張欣雄，公司就會額外贈送1.2張。2021年9月1日持有55.2張，隔天公司就會贈送約6.6張欣雄的股票（[1.2×55.22]÷10），手上持有的張數從55.2張增加至61.8張。

　　此外，欣雄的現金股利只有0.4元，表示手中如有1張欣雄，公司繼續額外贈送400元（0.4×1,000），持有55.2張，就可領到22,086元（400×55.2），這筆錢繼續當作投資的資金，擺到隔年再用。

投資欣雄（8908）200萬元：第3年成果

除權息年度	現金股利	股票股利	除權日（何時送禮）	除權息前股價	除權息前張數	除權息後張數	除權息後現金股息
2018	0.9元	0.9元	2019/08/29	45.05元	44.4張	48.39張	39,956元
2019	0.9元	1.1元	2020/08/31	56.4元	49.1張	54.5張	44,189元
2020	0.4元	1.2元	2021/09/02	61.8元	55.22張	61.84張	22,086元

到了2022年，還是不投入新的資金，用前一年欣雄贈送的22,086元股息繼續加碼，當時的股價為84元，表示可以買進約0.3張（22,086÷[84×1,000]）。在欣雄準備送股票之前，手中的持股張數已經不只是61.8張，而是多了0.3張，變成62.1張。

欣雄2022年股票股利1.5元，表示手中如有10張欣雄，公司會額外贈送1.5張。2022年9月6日持有62.1張，隔天公司就會贈送約9.3張欣雄股票（[1.5×62.1]÷10），此時手上持有的張數將從62.1張增至71.4張。

此外，欣雄的現金股利為0.4元，表示手中如有1張欣雄，公司繼續額外贈送400元（0.4×1,000），持有62.1張，就可領到24,842元（400×62.1），這筆錢繼續當作投資的資金，擺到隔年再用。

Tips 為什麼股利的形式有兩種？

通常會選擇發放「現金股利」的公司，大多屬於業績已進入成熟階段者，一方面不需再投入太多現金用於資本支出，另一方面本業獲利穩定，每年都可帶來一定的現金流量。至於業績還在成長階段的公司，多會選擇發放「股票股利」，好處是可保留帳上現金用於擴充營運，壞處則是造成股本膨脹；但只要營收獲利成長性與股本擴張速度相當就沒問題。

投資欣雄（8908）200萬元：第4年成果

除權息年度	現金股利	股票股利	除權日（何時送禮）	除權息前股價	除權息前張數	除權息後張數	除權息後現金股息
2018	0.9元	0.9元	2019/08/29	45.05元	44.4張	48.39張	39,956元
2019	0.9元	1.1元	2020/08/31	56.4元	49.1張	54.5張	44,189元
2020	0.4元	1.2元	2021/09/02	61.8元	55.22張	61.84張	22,086元
2021	0.4元	1.5元	2022/09/07	84元	62.1張	71.42張	24,842元

　　到了2023年，還是不投入新的資金，只用前一年欣雄贈送的24,842元股息繼續加碼，當時的股價為70.9元，表示可以買進約0.3張（24,842÷[70.9×1,000]）。在欣雄準備送股票之前，手中的持股張數已經不只是71.4張，而是多了0.3張，變成71.7張。

　　然後，欣雄2023年的股票股利為1元，表示手中如有10張欣雄，公司就會額外贈送1張。2023年9月13日持有71.7張，隔天公司就會贈送約7.2張欣雄的股票（[1×71.7]÷10），手上持有的張數從71.7張增加至78.9張。

　　此外，欣雄的現金股利為0.8元，表示手中如有1張欣雄，公司繼續額外贈送800元（0.8×1,000），持有71.7張，就可領到57,416元（800×71.77）。

　　到此簡單結算一下。最初投入200萬元本金，買進44.4張欣雄，過程中沒有賣出，也沒有新增其他的資金。新增加的股票張數，一部分是用欣雄送的現金股利在除息前一天買進，另一部分是欣雄透過股票股利發送，總持有張數增加至78.95張。

　　再加上2023年領到57,416元現金股利，以當時欣雄的股價70.9元來計算，總資產已經擴大至5,654,971元。亦即在沒有進行任何股票操

作之下，只是將領到的現金股利再投入買股，這樣資產在5年內就會增加約1.8倍（[565萬元－200萬元]÷200萬元）之多。

投資欣雄（8908）200萬元：第1～5年總結

持股張數從44.4張→78.95張

除權息年度	現金股利	股票股利	除權日（何時送禮）	除權息前股價	除權息前張數	除權息後張數	除權息後現金股息
2018	0.9元	0.9元	2019/08/29	45.05元	44.4張	48.39張	39,956元
2019	0.9元	1.1元	2020/08/31	56.4元	49.1張	54.5張	44,189元
2020	0.4元	1.2元	2021/09/02	61.8元	55.22張	61.84張	22,086元
2021	0.4元	1.5元	2022/09/07	84元	62.1張	71.42張	24,842元
2022	0.8元	1元	2023/09/14	70.9元	71.77張	78.95張	57,416元

總資產價值：5,654,971元，5年增加1.8倍

股價如不動 欣雄照樣能增值

有人會問，萬一這幾年欣雄的股價都不漲，那會怎麼樣？資產是不是就不會增加了？那我們就來試算一下，這幾年台股漲得紅光滿面，萬一欣雄的股價紋風不動，投資欣雄來增加資產的規劃，會不會發生什麼變化。

2019年：投資金額200萬元，欣雄2019年8月28日的股價為45.05元，可買進約44.4張（2,000,000÷[45.05×1,000]）。當年現金股息0.9元，除息後可領到39,956元（0.9×1,000×44.4）；當年股票股利0.9元，除權後獲贈約4張（[0.9×44.4]÷10），持有張數因此增至48.4張。

2020年：以前一年領到的現金股息39,956元加碼，假設欣雄股

價依然是45.05元，可買進約0.9張（39,956÷[45.05×1,000]），除息前持股張數略增至49.3張。當年現金股息0.9元，除息後可領到44,350元（0.9×1,000×49.3）；當年股票股利1.1元，除權後獲贈約5.4張（[1.1×49.3]÷10），除權後持有張數因此增至54.7張。

2021年：以前一年領到的現金股息44,350元持續加碼，假設欣雄股價依然是45.05元，可買進約1張（44,350÷[45.05×1,000]），除息前持股張數略增至55.7張。當年現金股息0.4元，除息後可領到22,273元（0.40×1,000×55.7）；當年股票股利1.2元，除權後獲贈約6.7張（[1.20×55.7]÷10），除權後持有張數因此增至62.4張。

2022年：以前一年領到的現金股息22,273元再加碼，假設欣雄股價仍舊是45.05元，可買進約0.5張（22,273÷[45.05×1,000]），除息前持股張數略增至62.9張。當年現金股息0.4元，除息後可領到25,144元（0.4×1,000×62.9）；當年股票股利1.5元，除權後獲贈約9.4張（[1.50×62.9]÷10），除權後持有張數因此增至72.3張。

2023年：以前一年領到的現金股息25,144元再穩定加碼，假設欣雄股價仍是45.05元，可買進約0.6張（25,144÷[45.05×1,000]），除息前持股張數略增至72.9張。當年現金股息0.8元，除息後可領到58,277元（0.8×1,000×72.9）；當年股票股利1元，除權後獲贈約7.2張（[1.00×72.9]÷10），除權後持有張數因此增至80.1張。

結算一下，欣雄的股價如果5年不變，會有何種結果？

最初投入200萬元本金，買進44.4張欣雄，過程中沒有賣出，也沒有新增其他的資金。新增加的股票張數，一部分是用欣雄送的現金股利在除息前一天買進，另一部分是欣雄透過股票股利發送。假設這5年欣雄的股價都沒漲，持有張數也會默默長大，從原先的44.4張，慢慢地增加為80.13張。

再加上2023年領到58,277元現金股利，還是以欣雄不變的股價45.05元來計算，總資產依然可以擴大至3,668,134元。亦即在沒有進行任何股票操作之下，也不加計股價上漲的貢獻，資產在5年內依然可以增加約84%（[367萬元－200萬元]÷200萬元）。

投資欣雄（8908）200萬元：假設股價5年不變

持股張數從44.4張→80.13張

除權息年度	現金股利	股票股利	除權日（何時送禮）	除權息前股價	除權息前張數	除權息後張數	除權息後現金股息
2018	0.9元	0.9元	2019/8/29	45.05元	44.4張	48.39張	39,956元
2019	0.9元	1.1元	2020/8/31	45.05元	49.28張	54.7張	44,350元
2020	0.4元	1.2元	2021/09/02	45.05元	55.68張	62.36張	22,273元
2021	0.4元	1.5元	2022/09/07	45.05元	62.86張	72.29張	25,144元
2022	0.8元	1元	2023/09/14	45.05元	72.85張	80.13張	58,277元

總資產價值：3,668,134元，5年增加約84%

股價大跌 欣雄還能增值？

只是欣雄的股價從2023年的70多元，至2024年已經跌至50多元，這樣不會對投資結果造成影響嗎？我們就來試算一下！

首先，2023年欣雄送的57,416元股息是投資的資金，到2024年除息前一天，用這筆錢繼續加碼，當時的股價為58.1元，表示可以買進約1張（57,416÷[58.1×1,000]）。在欣雄準備送股票之前，手中的持股張數已經不只是78.9張，而是多了1張，變成80張囉。

欣雄2024年的現金股利為0.8元，表示手中如有1張欣雄，公司會額外贈送800元（0.8×1,000），除息前持有80張，就可以領到64,000元

（800×80）。

然後，欣雄股票股利為0.8元，表示手中如有10張欣雄，公司就會額外贈送0.8張。持有80張，贈送約6.4張欣雄的股票（[0.8×80]÷10），持有的張數，在2024年除權後，會從80張增加至86.4張。

以本書截稿時的欣雄股價53.8元來計算，此時，資產已經擴大至4,712,320元（[53.8×1000×86.4)＋64,000)。亦即在沒有進行任何股票操作之下，資產已經增加約1.36倍（[471萬元－200萬元]÷200萬元）。

投資欣雄（8908）200萬元：2024年遇到股價下跌的影響

除權息年度	現金股利	股票股利	除權日（何時送禮）	除權息前股價	除權息前張數	除權息後張數	除權息後現金股息
2018	0.9元	0.9元	2019/08/29	45.05元	44.4張	48.39張	39,956元
2019	0.9元	1.1元	2020/08/31	56.4元	49.1張	54.5張	44,189元
2020	0.4元	1.2元	2021/09/02	61.8元	55.22張	61.84張	22,086元
2021	0.4元	1.5元	2022/09/07	84元	62.1張	71.42張	24,842元
2022	0.8元	1元	2023/09/14	70.9元	71.77張	78.95張	57,416元
2023	0.8元	0.8元	2024/09/05	58.1元	80張	86.4張	64,000元

總資產價值：4,712,320元，6年增加1.36倍

注意喔！即便欣雄的股價從2023年的70多元，跌至2024年的50多元，股價跌幅大約3成，一般而言，這種狀況肯定會讓資產減損。不過，因為欣雄的股票股利並未減損，表示資產的增加並不是靠著股價暴漲，而是持有張數的增加，所以才能無懼於價格的修正。

再換個角度來看，這幾年如果你有投入新的資金，也懂得逢低加碼，資產增值的幅度將更可觀。

2-3 實際經驗分享 以聯華食為例

看完欣雄的操作經驗分享，你可能會以為，這可能是特例，只有欣雄有這種本事。其實不是，欣雄的表現確實不錯，不過不是只有它很行，譬如芭樂大持有的另外一檔聯華食（1231）也很有本事。

投資聯華食5年 資產增加2.56倍

2019年：投資金額200萬元，於2019年8月28日買進聯華食，當天股價為46元，買進43.5張（2,000,000÷[46×1,000]）。當年現金股息1.8元，除息後可以領到78,261元（1.8×1,000×43.5）；當年股票股利0.5元，除權後，獲贈2.2張（[0.5×43.5]÷10）股票，持有張數因此增至45.7張。

2020年：以前一年領到的現金股息78,261元加碼，當天聯華食的股價為44.8元，可買進1.7張（78,261÷[44.8×1,000]），除息前持股張數略增至47.4張。當年現金股息1.6，除息後可領到75,839元（1.6×1,000×47.4）；當年股票股利0.5元，除權後，獲贈2.4張（[0.5×47.4]÷10），除權後持有張數因此增至49.8張。

2021年：以前一年領到的現金股息75,839元再認真加碼，當天聯華食的股價為73元，可買進1張（75,839÷[73×1,000]），除息前持股張數略增至50.8張。當年現金股息1.6元，除息後可領到81,293元（1.6×1,000×50.8）；當年股票股利每股1元，除權後獲贈5.1張（[1×50.8]÷10），除權後持有張數因此增至55.9張。

2022年：以前一年領到的現金股息81,293元再加碼，當天聯華食的股價為87.4元，可買進0.9張（81,293÷[87.4×1,000]），除息前持股張數略增至56.8張。當年現金股息1.5元，除息後可領到85,228

元（1.5×1,000×56.8）；當年股票股利1.1元，除權後，獲贈6.3張（[1.1×56.8]÷10），除權後持有張數因此增至63.1張。

2023年：以前一年領到的現金股息85,228元繼續加碼，當天聯華食的股價為99.8元，可買進0.8張（85,228÷[99.8×1,000]），除息前持股張數略增至63.9張。當年現金股息每股1.6元，除息後可領到102,277元（1.6×1,000×63.9）；當年股票股利1元，除權後獲贈6.4張（[1×63.9]÷10），除權後持有張數因此增至70.3張。

至此結算一下成果。最初投入200萬元本金，買進43.48張聯華食，過程中沒有賣出，也沒有新增其他的資金。新增加的股票張數，一部分是用聯華食送的現金股利在除息前一天買進，另一部分是聯華食透過股票股利發送，總持有張數增加至70.32張。

再加上2023年領到102,277元現金股利，以當時聯華食的股價99.8元來計算，資產已擴大至7,120,213元。亦即在沒有進行任何股票操作之下，資產在5年內已增加約2.56倍（[712萬元－200萬元]÷200萬元）。

投資聯華食200萬元：第1～5年總結

持股張數從43.48張→70.32張

除權息年度	現金股利	股票股利	除權日（何時送禮）	除權息前股價	除權息前張數	除權息後張數	除權息後現金股息
2018	1.8元	0.5元	2019/08/29	46元	43.48張	45.65張	78,261元
2019	1.6元	0.5元	2020/07/28	44.8元	47.4張	49.77張	75,839元
2020	1.6元	1元	2021/08/20	73元	50.81張	55.89張	81,293元
2021	1.5元	1.1元	2022/07/04	87.4元	56.82張	63.07張	85,228元
2022	1.6元	1元	2023/07/13	99.8元	63.92張	70.32張	102,277元

總資產價值：7,120,213元，5年增加2.56倍

股價如不動 聯華食也能增值

在這幾年，聯華食的股價從40幾元漲到100元，但如果股價不漲，資產增值的效果是不是就不存在了？

那我們就來確認一下，這幾年台股漲得紅光滿面，萬一聯華食的股價紋風不動，投資聯華食來增加資產的規劃，會不會出現什麼問題。

2019年：投資金額200萬元，聯華食2019年8月28日的股價為46元，可買進43.5張（2,000,000÷[46×1,000]）。當年現金股息1.8元，除息後可領到78,261元（1.8×1,000×43.5）；當年股票股利0.5元，除權後獲贈2.2張（[0.5×43.5]÷10），持有張數因此增至45.7張。

2020年：以前一年領到的現金股息78,261元加碼，假設聯華食股價仍是46元，可買進1.65張（78,261÷[46×1,000]），除息前持股張數略增至47.35張。當年現金股息1.6元，除息後可領到75,766元（1.6×1,000×47.35）；當年股票股利0.5元，除權後獲贈2.4張（[0.5×47.35]÷10），除權後持有張數因此增至49.7張。

2021年：以前一年領到的現金股息75,766元繼續加碼，當天聯華食股價仍是46元，可以加碼1.6張（75,766÷[73×1,000]），除息前持股張數略增至51.3張，當年現金股息每股1.6元，除息後可領到現金82,189元（1.6×1,000×51.3）；當年股票股利每股1元，除權後獲贈5.2張（[1×51.3]÷10），除權後持有張數因此增至56.5張。

2022年：以前一年領到的現金股息82,189元再一直加碼，當天聯華食股價仍是46元，可以加碼約1.8張（82,189÷[46×1,000]），除息前持股張數略增至約58.3張，當年現金股息每股1.5元，除息後可領到現金87,438元（1.5×1,000×58.3）；當年股票股利每股1.1元，除權後獲贈6.4張（[1.1×58.3]÷10），除權後持有張數因此增至64.7張。

2023年：以前一年領到的現金股息87,438元再當然加碼，當天聯

華食股價仍是46元，可以加碼1.9張（87,438÷[46×1,000]），除息前持股張數略增至66.6張，當年現金股息每股1.6元，除息後可領到現金106,568元（1.6×1,000×66.6）；當年股票股利每股1元，除權後獲贈6.7張（[1×66.6]÷10），除權後持有張數因此增至73.3張。

結算一下，聯華食的股價如果5年不變，會有何種結果。

最初投入200萬元本金，買進43.48張聯華食，過程中沒有賣出，也沒有新增其他的資金。新增加的股票張數，一部分是用聯華食送的現金股利在除息前一天買進，另一部分是聯華食透過股票股利發送。假設這5年聯華食的股價都沒動，持有張數已經增加為73張多。

再加上2023年領到106,568元現金股利，還是以聯華食不變的股價46元來計算，總資產依然可以擴大至3,476,988元，亦即在沒有進行任何股票操作之下，也不加計股價上漲的貢獻，資產在5年內依然增加了約74%（[347萬元－200萬元]÷200萬元）。可見一家好公司，股票股利的報酬是現金股利無法比擬的。

投資聯華食200萬元：假設股價5年不變

持股張數從43.48張→73.27張

除權息年度	現金股利	股票股利	除權日（何時送禮）	除權息前股價	除權息前張數	除權息後張數	除權息後現金股息
2018	1.8元	0.5元	2019/08/29	46元	43.48張	45.65張	78,261元
2019	1.6元	0.5元	2020/07/28	46元	47.35張	49.72張	75,766元
2020	1.6元	1元	2021/08/20	46元	51.37張	56.51張	82,189元
2021	1.5元	1.1元	2022/07/04	46元	58.29張	64.7張	87,438元
2022	1.6元	1元	2023/07/13	46元	66.6張	73.27張	106,568元

總資產價值：3,476,988元，5年增加約74%

好股票的增值威力更強大

聯華食如果擺到現在，資產增減的變化會如何？

首先，2023年聯華食送的102,277元股息是投資的資金，擺到2024年除息前一天，用這筆錢繼續加碼，當時的股價約117元，表示可以買進約0.9張（102,277÷[117×1,000]）。在聯華食準備送股票之前，手中的持股張數已經不只是70.3張，而是多了0.9張，變成71.2張囉。

聯華食2024年的現金股利為1.6元，表示手中如有1張聯華食，公司會額外贈送1,600元（1.60×1,000），除息前持有71.2張，就可以領到113,920元（1,600×71.2）。

另外，聯華食的股票股利為1元，表示手中如有10張聯華食，公司就會額外贈送1張。持有71.2張，贈送7.1張聯華食的股票（[1×71.2]÷10），等於在2024年除權之後，會從71.2張增加至78.3張。以本書截稿時聯華食的股價118元來計算，資產已經擴大至9,353,320元（[118×1000×78.3]＋113,920）。亦即在沒有進行任何股票操作之下，資產已經增加約3.68倍（[935萬元－200萬元]÷200萬元）。

投資聯華食200萬元：截至2024年8月狀況

除權息年度	現金股利	股票股利	除權日（何時送禮）	除權息前股價	除權息前張數	除權息後張數	除權息後現金股息
2018	1.8元	0.5元	2019/08/29	46元	43.48張	45.65張	78,261元
2019	1.6元	0.5元	2020/07/28	44.8元	47.4張	49.77張	75,839元
2020	1.6元	1元	2021/08/20	73元	50.81張	55.89張	81,293元
2021	1.5元	1.1元	2022/07/04	87.4元	56.82張	63.07張	85,228元
2022	1.6元	1元	2023/07/13	99.8元	63.92張	70.32張	102,277元
2023	1.6元	1元	2024/08/08	117元	71.2張	78.3張	113,920元

總資產價值：9,353,320元，6年增加3.68倍

5檔穩定發放股票股利的標的

個股	年度	2019	2020	2021	2022	2023
2812 台中銀	現金股利合計(元)	0.28	0.24	0.25	0.30	0.40
	股票股利合計(元)	0.52	0.45	0.50	0.42	0.56
2834 台企銀	現金股利合計(元)	0.20	0.10	0.10	0.10	0.20
	股票股利合計(元)	0.50	0.34	0.37	0.24	1.15
2838 聯邦銀	現金股利合計(元)	0.10	0.00	0.15	0.10	0.20
	股票股利合計(元)	0.70	0.63	0.89	0.50	0.70
4114 健喬	現金股利合計(元)	0.18	0.30	0.51	0.56	0.60
	股票股利合計(元)	0.74	1.21	1.01	0.93	1.00
4707 磐亞	現金股利合計(元)	0.15	0.15	0.15	0.15	0.25
	股票股利合計(元)	0.55	0.85	0.75	0.75	0.65

資料來源：公開資訊觀測站，超馬芭樂整理

　　結論就是能生出股子的好股票，能加速滾大資產，只要在合理價進場，什麼事都不做，就有生不完的股子股孫。顯見長抱穩定發放股票股利的好標的，在你睡覺時還能賺進股票，比起領息，想加速累積資產，從這類股票下手最快。

　　而這類個股必須符合幾個要件，經歷過金融海嘯或新冠疫情等黑天鵝衝擊，還能安然度過；另外，股利政策穩定，不會大幅縮水，這樣資產增值的效果，才不會因為股價下跌而打折。

　　以我上面列出的表格可見，其中，磐亞雖然是投資人不熟悉的冷門股，但它就像那種優秀的學生，校排總是前10名，你不用追究他是因為拚命念書，還是去了什麼地方補習，反正他讀書很有一套！而磐亞就是這種學生。

訪談後記

台北宜泊： 如果我早點認識芭樂大，早點執行這種投資方式，不但可以享受資產增值的喜悅，更不用白白地虧了那麼多錢…

超馬芭樂： 昨日種種譬如昨日死，與其悔恨於過去，不如整理心情面對未來。接下來妳就先不要操作股票，挑出優質的股票股利個股，然後採用不操作的方式：除權前買進，公司如有順便送點現金，領到現金股利之後，就繼續買進。

台北宜泊： 了解，我會先做功課，挑選我覺得還不錯、有發放股票股利的個股，屆時再請教芭樂大，我挑的標的是否OK，如果沒問題，我就會好好地執行。

超馬芭樂： 好的！我等妳交作業。

超馬芭樂幫你檢視個股

　　讀者如希望超馬芭樂幫你確認，挑的是不是發放股票股利的好標的，請到超馬芭樂的臉書粉專私訊我，芭樂大很樂意幫你檢視。

超馬芭樂 FB 粉專

PART 2 / ETF投資

…→ **高股息ETF發行日期
決定績效**

…→ **挑對老牌高股息ETF
穩領息收**

…→ **非高股息ETF
必勝操作心法**

Chapter
03

高股息ETF發行日期決定績效

上班族想買高股息ETF新秀，該怎麼選？

2023

對談日期：2024年6月1日
受訪朋友：土城Peyton（38歲，傳產公司行
政人員）一家人

4重點挑出
優質高股息 ETF

重點 1：成分股篩選原則

每檔 ETF 的標的篩選原則不同，目標皆是選出高股息個股，
彼此差異不大，因此參考即可，無須被投信的華麗詞藻吸引

重點 2：持股調整時程

1. 1年調整1次或2次皆可

2. 年中調整日期最好是5月、6月，其次是3月、4月

重點 3：合理的殖利率

1. 無須比較極大值的夢幻殖利率，因為會過度期待

2. 不用比較平均值，因為會被極大值影響而失真

3. 建議比較保底殖利率，亦即近5年的最低值最可靠

重點 4：檢視上市日期

1. 先確認高股息 ETF 新兵的前10大持股

2. 檢視布建上述持股時的股價位階高低

3. 無論價差交易還是單純領息，持股成本偏高便是隱憂

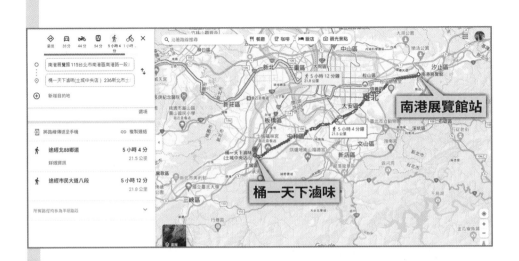

對談地點：新北市土城區中央路二段98號（桶一天下滷味）

慢跑路徑：超馬芭樂先搭捷運到南港展覽館站，再慢跑至土城的桶
一天下滷味。

跑步心得：有些人實行間歇性斷食瘦身，有些人採取少量多餐減
重，有些人每天跑步3小時消脂，有些人每天半小時超
慢跑減肥…關鍵在於一定要選適合自己的方法，像超馬
芭樂以天天跑步來維持健康，讓體力越來越好。投資也
是一樣，找到適合自己的方法，紀律操作就對了！

對談主題：市場上出現多檔首次公開募股的高股息ETF，該怎麼判
斷哪一檔的配息創造力較佳？

對談心得：原來就算有股神加持，不對時的夏天草莓和冬天西瓜還
是不好吃，其實只要簡單根據上市日期，就能解讀新
ETF的配息創造力好不好。

土城Peyton：這1、2年高股息ETF有夠火熱，市場上有好多新募集的高股息ETF，每檔看起來都很厲害，但是又不可能每檔都買。芭樂大，我們真的很需要你來教我們高股息ETF該怎麼挑選。

超馬芭樂：為什麼會對新募集的高股息ETF有興趣呢？

土城Peyton：0056（元大高股息）的股價已經到30多元，00713（元大台灣高息低波）更是超過50元，新募集的高股息ETF股價都只有15元，甚至10元，比較便宜，可以負擔得起。

超馬芭樂：股價便宜的股票，不一定比較值得投資喔！不過，既然妳想買新兵型高股息ETF，那我就跟妳說說該怎麼選，基本上有4個重點需要評估。

3-1 高股息ETF的迷人優勢

高股息ETF的持股策略著重於蒐集、持有配息和殖利率較高的股票，進一步來講，就是把「是否配息」、「股息成長率」或「殖利率高低」等條件，作為選股流程中的重要因子。

投資高股息ETF的優勢在哪裡？很多個股也有配現金股息，為什麼不乾脆投資單一個股？其實不外乎以下3個理由：

理由1：風險較低

ETF包含一籃子股票，相較於直接投資單一個股，ETF的風險當然低得多。

理由2：穩定的現金流

高股息ETF能創造更穩定的現金流，對投資人來說，買進高股息ETF，就是為了拿到現金股利，進而創造穩定的現金流，除了應付一般的日常花費之外，也可以執行再投資策略，發揮複利威力。

理由3：波動度較低

高股息ETF的波動度比較低，股價不至於大起大落，因此才會讓投資人興致勃勃。

高股息ETF優點

獲利高於定存

一次買進多檔股票
可分散風險

與基金相比
購入門檻較低

股息可創
造現金流

不過，想投資高股息ETF的人面臨的第一個煩惱是，該選擇發行很久的老將型ETF，如元大高股息（0056）、元大台灣高息低波（00713）、國泰永續高股息（00878）、群益台灣精選高息（00919）等，還是新兵型ETF，如2024年上半年發行的統一台灣高息動能（00939）、元大台灣價值高息（00940）、野村台灣趨勢動能高股息（00944）、群益科技高息成長（00946）等。

老將型高股息ETF價格較貴，0056股價最高40元以上，00713更是超過50元，相較之下，新兵型高股息ETF看起來較便宜，感覺好入手。

但以算術來說，股價50元、配息3元（3÷50×100%），和股價15元、配息0.9元（0.9÷15×100%），兩者殖利率都是6%，所以，不是便宜的股票就一定比較值得投資。不過，如果真的想買新兵型高股息ETF，除了檢視持股調整時間、釐清合理的殖利率，芭樂大認為，標的的上市日期最為關鍵。

Tips 股息成長率 vs. 殖利率

股息成長率指的是股票股息在一段時間內成長了多少。例如一家企業當前的年度股息為每股2元，而去年該企業配發股息為1.5元，那麼股息成長率為33%（(2-1.5)/1.5×100%）。

殖利率指的是股票每年支付的股息，與其當時股價的比率，反映投資者持有股票時可獲得的股息回報。例如一家公司的配息是3元，股價是50元，則殖利率為6%（3/50×100%）。

值得注意的是，當期殖利率反映的是現在的狀況，股息成長率則代表未來的表現，而股息要能持續成長，公司的獲利得要持續攀升才能長年維持。因此，投資人不要只專注於殖利率，應該也要關心股息成長率，當然如果殖利率優、股息成長率棒，那就更好了。

選股邏輯參考即可

首先是一般投資人最容易被吸引的起點，就是「選股邏輯」。

來看看以下4檔高股息ETF新兵的選股邏輯，我不講股名和代號，你覺得哪一檔比較厲害呢？

4檔2024上半年發行的高股息ETF選股邏輯

第1檔	第2檔	第3檔	第4檔
排除近2季每股盈餘總和小於0	上市上櫃公司市值前300大	上市+上櫃普通股	上市上櫃電子市值前250大企業
排除營業利益率最後30%	近1個月成交金額前70%；近12個月有8個月流通係數大於3%或超過1億元	近1年成交金額排名前20%或近1年中有8個月自由流通週轉率達3%者	近4季稅後每股稅後盈餘（EPS）大於0，獲利成長率、毛利率篩選
排除不配發股息個股，精準卡位40檔高股息標的	高EPS、高ROE、高毛利率成長；低本益比、低負債比、低下行風險；刪KY股、刪不配息	自由流通市值排名前300大、近3年皆有配發現金股利、有編制年度永續報告書	納入外資持股占比最高前80%
加碼強勢股：夏普值前50%成分股	本益比、自由現金流量收益率、股利率	還原收盤價占最近52週還原收盤價最高點之比例，5月看確定股利、11月看預估股利資優生+潛力股	排除尚未公布或已除息個股，依5月董事會公布股利選擇高息股
減碼轉弱股：夏普值後50%成分股	股利率加權，個股成分股權重上限8%	動能指標+股利指標綜合分數加權，個別成分股權重上限10%	以胃納量（市值）、流通性考量權重多寡，個股權重上限10%

資料來源：各家投信

各檔ETF的選股邏輯或篩選方式不盡相同，發行的投信當然是老王賣瓜，說自家瓜甜。不過，既然我們不甚理解其中的火星文，就不要勉強自己，而是相信專業經理人和團隊的能力。

他們即便運用不同的選股邏輯或篩選方式，但目標都一致：努力幫我們挑出優質好股票，所以，選股邏輯參考便可。有人說，跟巴菲特有關，就一定比較好；又有人說，有ESG才是關鍵；更有人說，夏普值才是不可或缺的標準。芭樂大不建議執著於此，更不要因為看到某些關鍵字就怦然心動。

成分股調整在4～6月最佳

接下來要注意的是成分股調整時程。ETF跟股票型基金一樣，都是持有一籃子股票，少則30檔，多則50檔。不過，ETF是「被動式投資」，不像股票型基金的「主動式操作」，主動式股票型基金可以隨時隨地、適時適機地替換股票，被動式ETF通常是1年1次、頂多2次調整持有標的，因此，高股息ETF的換股時程就特別重要。

就好像基本面良好的A股票和B股票都是30元，它們往年都會配現金股息，今年也是，但還不知道今年會配多少現金股息，投資人該挑哪一檔比較好？

一般人可能不知道怎麼挑，不過，如果說，股價30元的A股票今年確定配發1.8元現金股息，同樣是30元的B股票則是確定配發1.2元現金股息，你應該就知道要挑A股票，因為A股票的現金股息殖利率是6%（1.8÷30×100%），比B股票的4%（1.2÷30×100%）還高。

這就是高股息ETF「成分股調整時程」之所以重要的理由。簡單來講，基金經理人雖然可以透過個股的財務報表、稅後盈餘、股息配發率等條件，去「預判」個股今年現金股息「可能」的配發金額，但這終究不

見得是今年的實際配發金額。

　　不過，如果已經有個股配息的答案，基金經理人不只選股容易得多，也可預期能領到多少現金股息配發給投資人。所以，如果能在高股息ETF調整持股前，就知道個股今年的現金股息配發金額，亦即已經看到答案再換股，當然會比較好些。

　　以台股而言，當公司召開董事會，就會決定當年度的股利政策，因此，高股息ETF如果1年調整2次持股，第1次調整持股日期是在年底的10～12月，此時是根據個股的基本面、EPS表現，以及過去的股息配發率，來預判今年可能的現金股息，算是見微知著、布局機先之舉。不過，既然是預測，就有可能誤判。

　　所以，第2次調整持股的日期如果是落在4～6月，代表此時已經看到答案了，基金經理人已經知道個股今年的現金股息會實際配發多少，就可以挑選最符合需求的高配息好標的，創造最穩定的現金流。

2024年台股董事會召開日期統計

召開日期	檔數	比例
2024/1/1～1/31	2	0.1%
2024/2/1～2/29	285	16.4%
2024/3/1～3/31	1,281	73.7%
2024/4/1～4/30	94	5.4%
2024/5/1～5/31	76	4.4%
2024/6/1～12/31	0	0%

資料來源：證交所 資料整理：超馬芭樂

如果還要再進一步區分，5月底全部個股的股利政策都已經揭露，表示成分股調整日期若是在6月，這時候已經看到100%的答案，要淘汰誰、要更換誰，都很清楚，穩定性最好。

可以簡單歸納如下：

成分股調整日期若落在5月，此時已經可以看到大約95.6%（100%-4.4%）的答案。

成分股調整日期若落在4月，此時大約看到90.2%（100%-4.4%-5.4%）的答案。

如果成分股調整日期落在2月底，那就只能看到大約16.5%（100%-4.4%-5.4%-73.7%）的答案，穩定性自然不太夠。

從下表可看出，2024年新上市高股息ETF的成分股調整日期，都落在5月或6月，所以就「成分股調整時程」而言，大家都不錯。

2024年新上市高股息ETF

名稱	統一台灣高息動能	元大台灣價值高息	兆豐台灣電子成長高息等權重	野村台灣趨勢動能高股息	群益科技高息成長
代號	00939	00940	00943	00944	00946
募集日期	2024/3/1～3/5	2024/3/11～3/15	2024/4/29～5/3	2024/4/22～4/24	2024/4/22～4/26
布局日期	2024/3/～3/19	2024/3/16～3/31	2024/5/4～5/20	2024/4/25～5/8	2024/4/27～5/8
上市日期	2024/3/20	2024/4/1	2024/5/21	2024/5/9	2024/5/9
持股檔數	40檔	50檔	50檔	50檔	50檔
發行價格	15元	10元	15元	15元	10元
成分股審核	5月（權重審核1月、9月）	5月、11月	6月、12月	5月、11月	5月、11月

資料來源：各家投信 資料整理：超馬芭樂

3-2 以合理殖利率為評估標準

投資高股息ETF的目的是領取被動收入，當然希望越多越好，不過在比較高股息ETF新兵時，很多人都會用「夢幻殖利率」來評估，這點不能說是錯，但是有點不切實際。

這麼說吧，一個男人在他功成名就之際，花大錢買很多禮物給老婆，她一定很開心；不過如果他在流年不順的人生低谷，依然疼她、愛她，更把便當中唯一的雞腿給她吃，她肯定會更欣慰。

選股的道理也一樣，市場難免起伏震盪，甚至修正下跌也屬正常，亦即現金股息殖利率也會有高有低，所以，與其拿高標準的預期殖利率，甚至是最高的夢幻殖利率來遴選，芭樂大建議，用合理的殖利率來評估比較好。

夢幻殖利率不切實際

我們比較一下5檔2024年上市的高股息ETF近5年殖利率，從以下各家投信公司提供的數據來看，如果要用夢幻殖利率來比較，00939是15.3%，00940是14.4%，00943是11.25%，00944是8.8%，00946是12.5%，所以應該優先選擇夢幻殖利率最高的00939嗎？

就像老公某一年的年終獎金領得特別多，所以那一年他買了價格不斐的限量版柏金包送老婆，這當然很棒。不過，老婆不應該假設之後的每一年，都能收到同樣的禮物，沒有就要翻臉。

當然不能這樣假設，畢竟那是年終獎金特別多時才有的福利，又不是天天在過年。就像長榮（2603）2023年配息70元，現金股息殖利率高到離譜，隔年就掉到只配10元。這種不切實際的期待，最後很容易落空，感受肯定會很糟糕。

統一台灣高息動能（00939）近5年殖利率

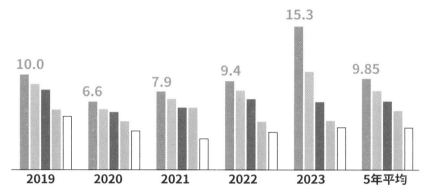

2019　2020　2021　2022　2023　5年平均

- ■ 台灣高息動能指數　■ 台灣科技優息指數　■ 台灣高股息指數
- ■ MSCI 台灣 ESG 永續高股息精選30指數　□ 台灣加權指數

資料來源：臺灣指數公司、彭博資訊2019/01～2023/11，統一投信整理

元大台灣價值高息（00940）近5年殖利率

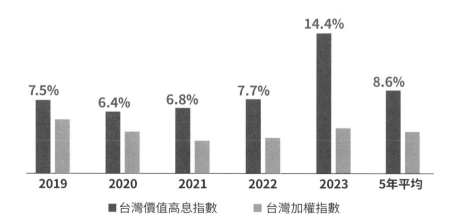

2019　2020　2021　2022　2023　5年平均

- ■台灣價值高息指數　■ 台灣加權指數

資料來源：台灣指數公司、彭博資訊，元大投信整理

兆豐台灣電子成長高息等權重（00943）近5年殖利率

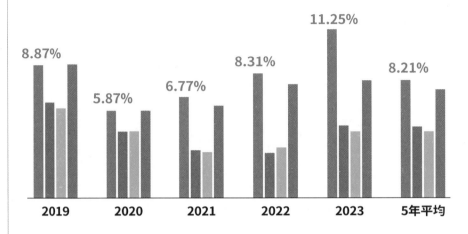

8.87%	5.87%	6.77%	8.31%	11.25%	8.21%
2019	2020	2021	2022	2023	5年平均

■ 台灣電子成長高息等權重指數　　　■ 電子類股股價指數
■ 台灣50指數　　　■ 台灣高股息指數

資料來源：台灣經濟新報，兆豐投信整理

野村台灣趨勢動能高股息（00944）近5年殖利率

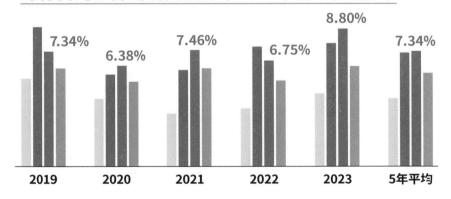

7.34%	6.38%	7.46%	6.75%	8.80%	7.34%
2019	2020	2021	2022	2023	5年平均

■ 加權指數　　　■ 台灣高股息指數
■ 台灣趨勢動能高股息指數　　　■ MSCI台灣ESG永續高股息精選30指數

資料來源：台灣指數公司、彭博資訊，野村投信整理

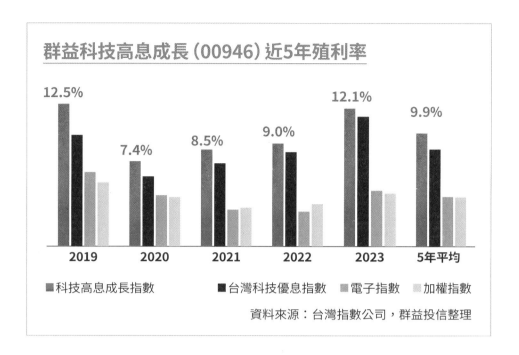

群益科技高息成長（00946）近5年殖利率

12.5% （2019）　7.4% （2020）　8.5% （2021）　9.0% （2022）　12.1% （2023）　9.9% （5年平均）

■科技高息成長指數　　■台灣科技優息指數　■電子指數　■加權指數

資料來源：台灣指數公司，群益投信整理

現金股息殖利率很高，投資人當然開心，不過，我們不是只持有一下子、一陣子，而是很可能持有一輩子，如果用夢幻殖利率來期待，很容易就會不開心，所以，夢幻殖利率不切實際。那麼，使用平均殖利率會不會比較妥當呢？

平均殖利率有盲點

現在我們就用平均殖利率來比較一下。00939的平均殖利率是9.85%，00940是8.6%，00943是8.21%，00944是7.34%，00946是9.9%，所以應該優先選擇平均殖利率最大的00946嗎？

我依然不建議用平均殖利率來評比，舉個例子，如果閨密要幫忙介紹男朋友，她認識王先生和柳先生2位男性友人，家世都很清白，背景也單純，個性都很不錯，工作也很穩定，2人平均身高是180公分、平均

體重是72公斤，想介紹給閨密認識，會不會有什麼問題？

某天約在星巴克，閨密推薦的2位男性來了，王先生身高200公分、體重102公斤，柳先生身高160公分、體重42公斤，2人平均身高確實是180公分（[200+160]÷2），平均體重也真的是72公斤（[102+42]÷2），不過，她會不會有一點想打閨密？

肯定會吧！藉著這個例子，你就能理解，平均數字看似公平合理，不過它有著先天的計算限制，就是會把極端值也算進去。

為了避免被極端值干擾，不建議用平均殖利率來比較，就像00940在2019～2022年的股息殖利率大致落在7.1%上下，但因2023年的殖利率高達14.4%，平均值才會突然被拉高到8.6%。之後如果用這個8.6%當標準來要求00940，是不是嚴苛了點？

保底殖利率＝合理殖利率

所以，為了避免被過度樂觀的極大值誤導，在評比高股息ETF時，與其比較平均殖利率，建議以該ETF歷年來表現最差，亦即殖利率最低的那一次做為「合理殖利率」，更貼切的名稱叫做「保底殖利率」。

也就是說，市場再怎麼詭譎多變，行情再怎麼起伏震盪，都用最低水準的保底殖利率來要求。

一來這樣才比較不會對高股息ETF出現過度的期待，再者以保底殖利率當合理標準，接下來的持股過程中，萬一出現低於這個水準的殖利率，你也會知道是該換標的了。

同樣以剛才那5檔高股息ETF新兵來比較，00939的保底殖利率是6.6%，00940是6.4%，00943是5.87%，00944是6.38%，00946是7.4%，大致上沒有相差太多，不過，你對00946的興趣應該就比較大，因為市況不佳時，它的保底殖利率優於其他高股息ETF新兵。

3-3 ETF發行日期影響績效

　　最後也是最關鍵的一點是「發行日期」。整個評估過程中，或許甲高股息ETF和乙高股息ETF的選股邏輯都很好，成分股調整日期也都是5月和11月，合理的保底殖利率都是6.5%左右，幾乎沒啥不同，但是兩者的發行日期差異，往往就造成了無法彌補的差距。

　　以00940為例，募集日期為2024年3月11～15日，上市日期為4月1日，當時市場太過瘋狂，才短短5個交易日，便募集了超過1,700億元資金。問題不是募集金額太大，而是上市日期。

　　高股息ETF募集了投資人的資金，就要幫投資人買進好股票，讓投資人領到不錯的現金股息。根據法規規定，無論募集了170億元還是1,700億元，都要在4月1日正式上市前買好股票、完成布局；不是基金經理人先把錢放在銀行，等時機成熟，或是等低檔出現才進場買股票。

　　因此，00940必須在3月16～31日進場買進屬意的好股票，如果此時剛好股價處於低檔，就要感謝老天爺，不但進場成本會比較低，未來賺取價差的機會比較大，可買進的張數也會比較多，之後要領取的現金股息自然就較多。

　　反之，若布局的那段時間，股價適逢高檔，那就真的是非戰之罪了，進場成本偏高，想賺取價差的操作難度自然比較大；可買進張數比較少的情況下，之後能領取的現金股息就難免縮水了。

　　不過，進場時機好不好這檔事，到底該怎麼判斷呢？其實，我們不用判斷股票行情，而是比較一下成分股的表現就會知道答案。

以共同持股聯發科試算績效

　　之前說過，雖然各家的選股邏輯和篩選標準不盡相同，但是大家挑

選個股的重疊性其實很大，像聯發科（2454）幾乎是共同選擇，而且持股比重都排在前10大，用聯發科來對比，這樣就能看出，上市日期不同，會造成多大的差異。

2024新上市高股息ETF的前10大成分股

名稱	統一台灣高息動能	元大台灣價值高息	兆豐台灣電子成長高息等權重	野村台灣趨勢動能高股息	群益科技高息成長
代號	00939	00940	00943	00944	00946
1	聯發科	長榮	漢唐	群光	聯發科
2	緯創	聯電	達興材料	力成	瑞昱
3	大聯大	中美晶	鴻海	聯發科	聯詠
4	聯詠	神基	瑞儀	聯詠	日月光投控
5	日月光投控	漢唐	宏碁	長榮鋼	聯電
6	群光	群光	瑞鼎	釜象	鴻海
7	緯穎	瑞儀	和碩	漢唐	世界先進
8	欣興	聯發科	楊博	神基	力成
9	瑞昱	釜象	晶技	亞翔	漢唐
10	長榮	新普	宇瞻	新普	瑞儀

資料來源：各家投信

2024年上市的4檔高股息ETF，布局聯發科的日期和平均價格如下：

00939：3/6～3/19，平均價格約1,193元

00940：3/16～3/31，平均價格約1,146元

00944：4/25～5/8，平均價格約1,026元

00946：4/27～5/8，平均價格約1,036元

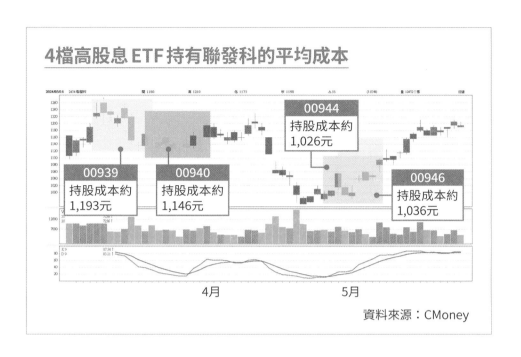

4檔高股息ETF持有聯發科的平均成本

00944
持股成本約
1,026元

00939
持股成本約
1,193元

00940
持股成本約
1,146元

00946
持股成本約
1,036元

4月　　　　　5月

資料來源：CMoney

　　假設這4檔高股息ETF在募集後、上市前皆投入100億元資金，布局優質的配息標的聯發科。2024年7月初聯發科公告配發股息每股30.4元，各檔ETF的領息金額將如下：

00939：可買進約8,380張（100億÷[1,193×1000]）
　　　　　領息約2.58億元（8,380×30.4×1000）

00940：可買進約8,715張（100億÷[1,146×1000]）
　　　　　領息約2.65億元（8,715×30.4×1000）

00944：可買進約9,738張（100億÷[1,026×1000]）
　　　　　領息約2.96億元（9,738×30.4×1000）

00946：可買進約9,648張（100億÷[1,036×1000]）
　　　　　領息約2.93億元（8,380×30.4×1000）

以掛牌價同是10元的00940與00946來說，00940布局聯發科的平均

成本是1,146元，比00946的1,036元高10.6%（[1,146－1,036]÷1036）；而00940自聯發科領到現金股息2.65億元，也比00946的2.93億元少了0.28億元。

雖然沒有計算每一檔持股，不過，不只聯發科有這種情況，主要是2檔高股息ETF布局當下所面對的台股位階，確實有高低之差，造成00946的個股布局時機比00940好，也因此之後00946的股價似乎總是比00940好些。

另外，掛牌價同樣是15元，00939布局聯發科的平均成本是1,193元，比00944的1,026元高出16.3%（[1,193－1,026]÷1026），而00939自聯發科領到現金股息2.58億元，也比00944的2.96億元少了0.38億元。

儘管沒有計算全部持股，但可想而知，00944的布局時機比00939好，因此00944的股價也一直都比00939強一點。現在是不是一點都不意外？

新ETF募集期間不用搶買

投資本來就該講實戰，而實戰的前提不就是要讓投資人看得懂、想得通，如果被火星文侷限或誤導了，是不是就變成紙上談兵？其次，以上這些數據並不是專屬於法人，而是全都可以在發行高股息ETF的投信官網上找得到，只看大家願不願意去查看而已。

未來如果再有高股息ETF新兵投入市場，都可以用同樣的方式和邏輯去評估。此外，想補充一點的是，真的不用急著在高股息ETF還沒上市的募集期間就去搶買。像當初00940在募集階段，大家追著、搶著、瘋著、鬧著要申購，誇張到網路ATM當機、銀行App也當機，真沒那個必要。

既然ETF的股價波動度比較低，等到掛牌上市當天再買，也不會比

掛牌價高多少。以長期投資的角度而言，幾乎能將其視為可以四捨五入去除的誤差。

譬如野村台灣趨勢動能高息ETF（00944），假設你在募集時就以15元入手，芭樂大則是在2024年5月9日掛牌上市後才以15.03元買進，就殖利率的角度來看，它的初次月配金額為每股0.058元，亦即你買進的月殖利率為0.387%（0.058÷15×100%），芭樂大買進的月殖利率為0.386%（0.058÷15.03×100%），這個0.001%的差距，值得拿板凳、甚至鋪睡袋到銀行門口去排隊搶購嗎？投資不需要一窩蜂。

Tips 高股息ETF操作術

如果打算長期存高股息ETF，建議定期定額買進，因為投資人往往會有「漲時怕買在高點，跌時怕越買越虧」的糾結心理，透過定期定額的功能持續買進，能大幅減少人性所帶來的投資誤差。

但定期定額也不表示完全不能進行其他操作，當投資標的大漲或大跌時，均可考慮減碼或是逢低買進。至於加減碼的方式同樣可以參考還原KD值，如果標的上市時間尚短，可以採還原週KD值。

當還原週K值降到25以下，再出現K值超過D值的黃金交叉，便是逢低進場布局的機會。若還原週K值超過80、且K值往下穿越D值形成死亡交叉，可以考慮部分出場。

訪談後記

土城 Peyton： 之後只要有新的高股息 ETF 發行，除了看它的選股邏輯和方式，更會關注它的成分股調整日期、過往的保底殖利率，以及最重要的上市日。

超馬芭樂： 沒錯！雖然還有很多重點值得討論，譬如買哪些股票、有沒有平準金制度、費用率等，不過，從前面講的4重點切入，其實心裡就有譜了。

土城 Peyton： 今天真的非常謝謝芭樂大第3次來我們家，尤其我兒子，我不知道他怎麼那麼黏你…

超馬芭樂： 因為小朋友喜歡我啊！放心！下次再訪時，會跟孩子們多玩一會，也會多留點時間討論投資操作。

超馬芭樂幫你檢視高股息 ETF

　　讀者如希望超馬芭樂幫你確認，挑的是不是高股息 ETF 新兵的好標的，請到超馬芭樂的臉書粉專私訊我，芭樂大很樂意幫你檢視。

超馬芭樂 FB 粉專

挑對老牌高股息ETF穩領息收

資深工程師如何打造退休後現金流？

對談日期：2024年4月20日
受訪朋友：蘆洲Jay（37歲，科技公司資深
工程師）一家三口

4重點
挑出高股息 ETF 老將

重點 1：成分股篩選原則

每檔ETF標的篩選原則不同，不過，目標皆是選出高股息個股，彼此間的差異不大，因此參考即可

重點 2：成分股調整時程

1. 1年調整1次或2次皆可

2. 年中調整日期最好是5月、6月，其次是3月、4月

重點 3：合理的殖利率

1. 無須比較極大值的夢幻殖利率，因為會過度期許

2. 不用比較平均值，因為會被極大值影響而失真

3. 建議比較保底殖利率，亦即近5年的最低值最可靠

重點 4：換股操作能力

1. 先確認高股息 ETF 老將的汰換持股狀況

2. 概算汰換持股的出場平均股價

3. 概算汰換持股的布建平均股價，進而判斷操作績效

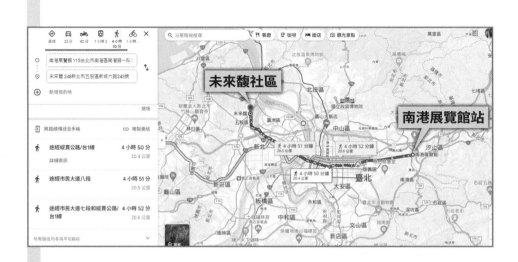

對談地點： 新北市蘆洲區未來馥社區

慢跑路徑： 超馬芭樂先搭捷運到南港展覽館站，再慢跑至蘆洲的
未來馥社區。

跑步心得： 如何辨識1個跑者是不是高手？從起跑前的暖身過程就
可以看出端倪。如果在起跑前很習慣、也很認真地做
好必要的暖身動作，包括馬克操、拉筋等，讓身體處
於待機狀態才開始跑，成績通常會不錯喔！

對談主題： 發行較久的高股息ETF，殖利率都不低，但是該怎麼
判斷哪一檔的配息較穩定？

對談心得： 原來不需要看懂艱澀火星文，也沒必要研究罕見甲骨
文，只要檢視高股息ETF的換股標的，就能夠判斷該
檔ETF的配息是否穩定。

蘆洲 Jay：我跟太太 Trina 想開始打造退休之後的穩定現金流，標的是高股息 ETF，但是高股息 ETF 的選擇實在太多了，所以想聽聽芭樂大的建議。

超馬芭樂：很好啊！那你們是對高股息 ETF 的新兵如00939（統一台灣高息動能）、00940（元大台灣價值高息）比較感興趣，還是對上市比較久的老將如0056（元大高股息）、00878（國泰永續高股息）這幾檔比較有意願？

蘆洲 Jay：我們覺得挑老將可能比較妥當，因為新兵上戰場的時間較短，老將經歷過市場的洗禮，表現好與不好才能比較，所以我們想從高股息 ETF 的老將之中選標的。

超馬芭樂：了解！那我們就從高股息 ETF 成分股的調整時程、殖利率及換股操作能力來一一分析，這樣你們就能找到可打造退休後穩定現金流的好標的。

4-1 如何篩選高股息ETF老將？

ETF和股票型基金一樣，都是持有一籃子股票，少則30檔、多則50檔。不過，ETF的概念是「被動式投資」，它不像股票型基金的「主動式操作」，主動式的股票型基金可以隨時隨地、適時適機地汰換股票，被動式ETF通常是1年頂多調整標的2次。

高股息ETF的價值是，幫投資人挑選高股息個股，並且以合理價格買進、持有，所以換股時程非常重要。如果我告訴你，股價30元的A股票今年確定配發1.8元現金股息，股價同樣是30元的B股票，今年則是確定配發1.2元現金股息，你會挑哪一檔？

你應該會挑A股票，因為它的現金股息殖利率有6%（1.8÷30），比B股票的現金股息殖利率4%（1.2÷30）還高。

這就是高股息ETF成分股調整時程之所以重要的答案。簡單來講，雖然還是可以透過個股的財務報表、稅後盈餘、股息配發率等條件去「預判」個股今年現金股息「可能」的配發金額，但這終究不見得是實際的配發數據。

若是已經看到答案，基金經理人不只選股容易得多，也可預期能領到多少現金股息配發給投資人。所以，如果高股息ETF在調整持股前，已經看到個股今年的配息金額，亦即已經看到答案再換股，穩定性自然會比較高。

Tips 殖利率是什麼？

殖利率＝（每股現金股利÷每股股價）×100%，配息放分子、股價放分母，因此兩者的變化都會影響殖利率表現。

4-2 持股調整時程攸關績效

以台股而言，公司召開完董事會，就會宣布當年度的股利政策，因此，高股息ETF如果1年調整2次持股，第1次調整持股在年底的10～12月，此時是根據個股的基本面、EPS表現，以及過去的股息配發率，來預判今年可能的現金股息。不過，這就是預測。

2024年台股董事會召開日期統計

召開日期	檔數	比例
2024/1/1 ～ 1/31	2	0.1%
2024/2/1 ～ 2/29	285	16.4%
2024/3/1 ～ 3/31	1,281	73.7%
2024/4/1 ～ 4/30	94	5.4%
2024/5/1 ～ 5/31	76	4.4%
2024/6/1 ～ 12/31	0	0%

資料來源：證交所 資料整理：超馬芭樂

而第2次調整持股如果是落在4～6月，代表此時已經看到答案，基金經理人知道個股今年的現金股息會實際配發多少，就可以挑選最符合需求的高配息好標的。就像剛剛說的，既然知道股價30元的A股票今年配發1.8元現金股息，殖利率為6％；同樣是30元的B股票今年是配發1.2元現金股息，殖利率4％，不討論其他條件，投資人當然應該選A股票，因為可以創造最穩定的現金流。如果還要再進一步區分，由於5月底全部個股的股利政策都已經揭露，表示成分股調整日期若是在6月，這時候已經看到100％的答案，要淘汰誰、更換誰都最清楚，穩定性最好。

成分股調整日期若落在5月，此時已經看到大約95.6％的答案；成

分股調整日期若落在4月，此時已經看到大約90.2%的答案。

下表是幾檔高股息ETF老將的成分股調整日期，3、4、5、6月都有，不過，還算符合我們期待，所以就「成分股調整時程」而言，這些老將們都還不錯，沒有太大差異。

高股息ETF老將的成分股調整日期

資料來源：各家投信

代號	名稱	配息頻率	成分股調整日期
00730	富邦台灣優質高息	年配	3月
00731	復華富時高息低波	季配	3月
00929	復華台灣科技優息	月配	6月
00907	永豐優息存股	雙月配	6月
00701	國泰股利精選30	半年配	10月
00878	國泰永續高股息	季配	5月、11月
00919	群益台灣精選高息	季配	5月、12月
0056	元大高股息	季配	6月、12月
00713	元大台灣高息低波	季配	6月、12月
00915	凱基優選高股息30	季配	6月、12月
00918	大華優利高填息30	季配	6月、12月
00900	富邦特選高股息30	季配	4月、7月、12月

Tips 高股息ETF殖利率如何觀察？

高股息的優質公司，配息長期都算穩定，股價會影響殖利率高低，如果股價漲高，殖利率就會下滑，除非分子的配息也跟著大幅增加。

以市場多數使用的參考標準：台股大盤現金殖利率來看，2022年為4.88%、2023年是3.37%，到了2024年7月則為2.43%，反映的正是股價位階相對高，高股息ETF當然也不易維持過往的7%、8%、甚至10%高水準。高股息ETF合理殖利率約6%，投資人不應有不切實際的期待。

4-3 別用夢幻殖利率當標準

投資高股息ETF的目的是領取被動收入，當然希望越多越好，不過在比較高股息ETF時，很多投資人都會用「期待殖利率」，甚至是「夢幻

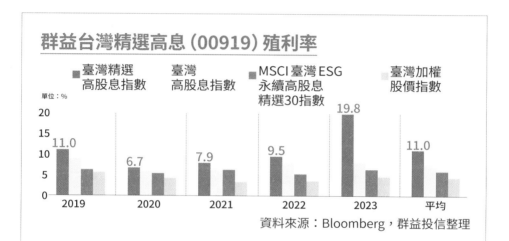

群益台灣精選高息 (00919) 殖利率

資料來源：Bloomberg，群益投信整理

復華台灣科技優息 (00929) 殖利率

▶ 追蹤指數股息率過去5年平均約7.5%

資料來源：特選臺灣科技優息指數使用臺灣指數公司提供之每日指數值；臺灣加權指數、MSCI臺灣ESG永續高股息精選30指數、臺灣高股息指數使用Bloomberg提供之每日指數值，復華投信整理

殖利率」來評估，這一點不能說錯，但有點不切實際。

當你在事業飛黃騰達之際，花大錢買很多禮物送老婆，她一定會很開心。不過，哪有人一輩子都順風順水，難免有時候會遇到流年不順，如果你在運勢不佳的人生低谷時，依然疼愛老婆，更會把便當中唯一的1塊排骨給她吃，她肯定會更欣慰。

選高股息ETF的道理也一樣，市場難免起伏震盪，甚至修正下跌也屬正常，現金股息殖利率會有高有低，與其拿高標準的預期殖利率，甚至最高的夢幻殖利率來遴選，芭樂大會建議用合理的殖利率來評估會比較好。

我用兩檔高股息ETF來比較，如上圖，00919（群益台灣精選高息）的夢幻殖利率為19.8%，00929（復華台灣科技優息）則是9.7%，所以應選夢幻殖利率最高的00919嗎？現金股息殖利率很高，投資人當然開心，不過，我們不是持有一下子，若用夢幻殖利率來期待，萬一不夢幻了肯定不開心，所以要調整比較基準。

用夢幻殖利率太過不切實際，那如果改用平均值呢？00919的平均殖利率為11%，00929則是7.5%，所以，你認為應該優先選平均殖利率比較高的00919嗎？

舉個例子，如果小孩考試考了5科，2科拿到滿分的100分，但是，另外3科考55分、50分、45分，然後老師說，小孩的平均成績算還不錯，是及格以上的70分（[100＋100＋55＋50＋45]÷5），相信家長應該不會怎麼開心吧？

為了避免被極端值干擾，所以不建議用平均殖利率來比較，因為一旦出現某次的殖利率特別高，平均值就會被拉高。評比高股息ETF老將時，建議反而應該根據該ETF歷年來表現最差，亦即殖利率最低的那一次來考慮，我稱它為「合理殖利率」，更貼切的名稱叫做「保底殖利率」。

也就是說，市場再怎麼詭譎多變，行情再怎麼起伏震盪，當我們用的是最低水準的保底殖利率時，就不會出現不切實際的期待，而且在持股過程中萬一殖利率低於這個水準，投資人也會知道該換標的了。

00919的保底殖利率為6.7%、00929則是6.1%，你對00919的興趣應該就會比較大，因為市況不佳時，00919的保底殖利率有機會比00929好一些。

Tips 高股息 ETF 如何穩領息又賺價差？

ETF具有一籃子股票相對安全、可分散風險的特性，而高股息ETF更能滿足投資人穩定領息需求。但該如何操作才能股息、價差兩頭賺？

首先，高股息ETF配息頻率以年配息為優先，再來是季配息優於月配息。這是由於年配息金額較季配息、月配息高，除息後價差空間大，若在除息前1天買進，可拿到當年度所配發的股息，同時參與填息機會。

第2種作法則是在除息當天買進。這種方式雖無法賺到股息，但已知除息當天價格會下修，若能鎖定過去填息花費天數較短的高股息ETF，搭配台股走多格局，就有機會賺到填息價差。但風險在買進後價格續跌，心理壓力增加；若盤勢偏空就不要急著進場，等待還原週K到25左右，才是相對便宜、值得進場賺價差的時機。

第3招，則是新手投資人可以採用的策略，那就是在除息前後各買一半。

4-4 操作績效好壞影響配息高低

挑選高股息ETF老將，我認為最關鍵的一點是「換股操作能力」。
高股息ETF的配息來源，主要是股利或盈餘所得，就是持有個股的孳息
和國內財產交易所得，也是基金經理人的操作實力，還有收益平準金，
就是新投入的資金。用水庫圖來顯示會更清楚。

高股息ETF配息水庫

新入資金　操作獲利　持股孳息

有3道金流進水庫，感覺很不錯。接著檢視一下這3道金流來源，持
股孳息部分，因為每檔ETF都會公告持股水位和占比，要估算該檔ETF
能領到多少股息並不難。加上各檔ETF的持股有些重複，所以不用把選
擇重點放在這裡。

至於新投入的資金則比較難預測，一般來講，除非在募集階段，不

然這個金額不太會突然暴增，因此也無須把重點放在此。

芭樂大建議，應該關注基金經理人的操作績效，簡單來講，如果基金經理人和團隊的操作能力夠強，換股時都能低進高出，有本事創造出操作獲利，這樣對於該檔ETF的配息水庫深度就會很有助益，投資人期待的配息金額和配息穩定性也就會比較好。

反之，萬一基金經理人和團隊的操作能力不佳，雖然未必會對配息產生立即或直接的影響，但對於配息水庫的深度和爾後的配息穩定性，就會有不利的影響。

分析00919的換股績效

接下來以00919當範例，說明一下操作能力與換股實力的重要性。

00919於2024年5月31日公布的換股名單中，出現13進13出的狀況，剔除的13檔個股分別為東元（1504）、台肥（1722）、瑞昱（2379）、群光（2385）、京元電子（2449）、兆豐金（2886）、神基（3005）、健鼎（3044）、緯創（3231）、鈊象（3293）、瑞鼎（3592）、日月光投控（3711）、順邦（6147）。

00919進行成分股定期審核時，是以5月第17個交易日為審核基準日，不過，在生效日之前就開始偷跑換股了。

我們把這13檔個股的長期成本價和平均出場價都列出來，看起來都像是賣在高點，不過無須憑感覺，現在就來直接評估00919當初買進這些個股的成本。

當然，我們不可能精準地確認這13檔個股到底是哪年、哪月、哪週，甚至哪天買進的，也未必能精準掌握持股過程中的進進出出，但我們可以抓一個基本數值。

先看看下表，這13檔個股無論是買很久，還是新增，是不是至少在

2023年底都在持股名單中？

我們就直接把長期成本算一算，起點從00919開始募集，直到2023年底，計算這段時間的股價均值，雖不可能剛好是00919持有該檔個股的真實均價，不過差異不大，高也高不了太多，低也不會低多少。

群益台灣精選高息（00919）2023年底持股權重

代號	名稱	權重	代號	名稱	權重
1504	東元	1.6425%	3231	緯創	1.5461%
1722	台肥	0.4896%	3264	欣銓	2.3732%
2211	長榮鋼	1.3207%	3293	鈊象	3.1511%
2303	聯電	9.9256%	3592	瑞鼎	2.8838%
2379	瑞昱	9.6598%	3711	日月光投控	1.9065%
2385	群光	2.6297%	4915	致伸	2.2743%
2404	漢唐	3.14%	5483	中美晶	4.9168%
2449	京元電子	2.1852%	5904	寶雅	0.7521%
2454	聯發科	6.5797%	6121	新普	2.7522%
2603	長榮	11.642%	6147	頎邦	1.2724%
2886	兆豐金	1.5963%	6176	瑞儀	2.1791%
2891	中信金	2.5046%	6239	力成	3.5865%
3005	神基	0.898%	6278	台表科	0.4546%
3034	聯詠	6.911%	6691	洋基工程	1.2093%
3044	健鼎	3.9974%	8016	矽創	2.488%

說明：表格橘字為2024年5月31日成分股調整被剔除者

接下來把13檔個股的長期成本價和平均出場價列表如下，我們就能很清楚地看出，這13檔個股對00919而言，究竟是帶來操作獲利，還是操作失利。

群益台灣精選高息（00919）2024年剔除個股成本和出場價

代號	名稱	2023年底權重	2022年10月至2023年底長期成本價（元）	2024年5月底平均出場價（元）
1504	東元	1.6425%	41.78	54.93
1722	台肥	0.4896%	58.9	64.27
2379	瑞昱	9.6598%	373.79	533.2
2385	群光	2.6297%	105.57	195.79
2449	京元電子	2.1852%	56.19	88.94
2886	兆豐金	1.5963%	34.96	40.37
3005	神基	0.898%	63.68	109.23
3044	健鼎	3.9974%	136.08	216.8
3231	緯創	1.5461%	67.7	144.15
3293	鈊象	3.1511%	549.15	1,010.09
3592	瑞鼎	2.8838%	347.69	416.78
3711	日月光投控	1.9065%	107.97	153.59
6147	頎邦	1.2724%	65.25	75.13

從上表來看，00919剔除的這13檔不是幾乎、而是檔檔都是獲利出場，而且還不是蠅頭小利！

舉例來說，鈊象的長期成本價是549.15元，但2024年5月底的平均出場價為1010.09元，代表這檔個股大賺84%；又例如緯創，成本價67.7元，出場價144.15元，更是大賺超過1倍。那就表示，00919的基金經理人和團隊的操作與換股能力很不錯。

芭樂大並不是獨厚00919，而是以它為範例來說明。其他各檔高股息ETF老將到了持股調整日期，多多少少也都會增刪持股，以2024年的年中持股調整為例：

0056刪除：友達、貿聯-KY、台塑、興富發、南電。

　　00713刪除：中碳、長榮鋼、汎德永業、光寶科、鴻海、仁寶、京元電子、榮運、日月光投控、臻鼎-KY、瀚宇博、台郡、啟碁、群電、至上。

　　00878刪除：南亞、聯強、華碩。

　　00929刪除：華通、旺宏、世達、瑞昱、景碩、新唐、臻鼎-KY、中光電、瀚宇博、合晶、廣積、致新。

　　00915刪除：大成、大成鋼、長榮鋼、鴻海、微星、群光、漢唐、鈊象、日月光投控、臻鼎-KY、瀚宇博、新普、合晶、力成、樺漢、至上、宏全。

　　00918刪除：正新、三陽工業、鴻海、致茂、神基、台勝科、臻鼎-KY、世界、中租-KY、頎邦、和潤企業、南電。

　　只要根據以上的示範原則，除了分析新選個股的股利政策和股價位階，不妨也檢視換股之後是否帶來操作獲利，這樣你就會知道，高股息ETF老將們的基金經理人和其團隊，能不能透過操作與換股的真本事，幫投資人引進更充沛的金流，讓配息水庫更加堅實穩定。

蘆洲 Jay：這樣我完全懂了！接下來我會用你教的方法，逐一檢視這些高股息 ETF 老將們，不過，能讓你拿來當範例的00919應該很不錯。

超馬芭樂：被你發現了！不過如你所說，我還是建議你把剛才說的流程全部跑一趟，之後每半年都可以自己花點時間檢視一下，這樣最安全妥當。

蘆洲 Jay：有了這套選擇高股息 ETF 的SOP後，我的退休後現金流絕對能夠讓人安心。很謝謝芭樂大來跟我們分享高股息 ETF 的挑選訣竅。

超馬芭樂：不客氣！希望投資順利！

超馬芭樂幫你檢視高股息ETF

　　讀者如希望超馬芭樂幫你確認，挑的是不是高股息ETF老將的好標的，請到超馬芭樂的臉書粉專私訊我，芭樂大很樂意幫你檢視。

超馬芭樂FB粉專

非高股息ETF必勝操作心法

家庭主婦想靠 ETF 滾大資產該怎麼做？

對談日期： 2024年7月27日

受訪朋友： 內湖 Mabel（38歲，家庭主婦）一家人

選擇和操作非高股息 ETF 訣竅

第1步：認識 ETF 的類別

1. 除了高股息ETF，其他ETF儘管名稱、定義不同，但都可稱為非高股息ETF

2. 非高股息ETF大致可分成4大類：市值型ETF、產業型ETF、主題型ETF及商品型ETF

第2步：評估 ETF 的 β 值

1. 評估非高股息ETF之日、週、月β值，遴選優質標的

2. 挑選成交量夠大的ETF

第3步：根據週 K 值操作

1. 當台積電還原週K值已至低檔且股價收過黃金交叉，便趁勢進場

2. 當台積電還原週K值已至高檔且股價收破死亡交叉，便順勢退場

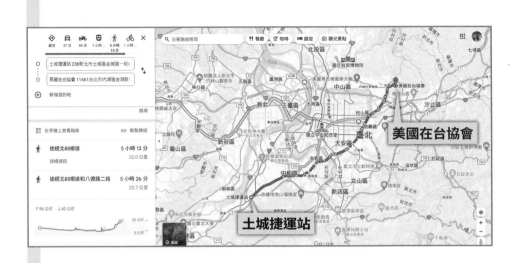

對談地點：台北市內湖區金湖路100號（美國在台協會）附近

慢跑路徑：超馬芭樂先搭捷運到土城站，再慢跑至內湖美國在台協會附近。

跑步心得：跑馬拉松的關鍵口訣是「上坡不要停，下坡不要衝，平地不要走」，意思就是要順應賽道的坡度起伏而調整配速與跑法，絕對不是逞強地以為埋頭苦幹就可以；如同投資操作時，也不是只進不出、只攻不守，也是要配合行情適時進退，才是開心的投資之道。

對談主題：除了高股息ETF，比較有機會賺到價差的市值型、產業型、主題型等ETF該怎麼選？怎麼操作？

對談心得：原來電動車＝5G、半導體＝ESG、小資高價＝公司治理，而且就算沒去爬護國神山，資金也能穩如泰山！

內湖Mabel：記得芭樂大有說過，打造穩定的被動收入很重要，但有效地擴大資產也同樣重要。我們想了一想，的確沒錯，投資50萬元買高股息ETF，或許可以領到6%、8%，甚至10%的股利，一年的股息大約有3萬～5萬元，很不錯，不過，如果可以更積極地操作ETF，資產增值的效果是不是更值得期待？

超 馬 芭 樂：是啊！透過有效操作，確實會有比較明顯的資產增值效果。那妳怎麼不直接操作股票，而是想問怎麼操作ETF？

內湖Mabel：就是怕啊！畢竟ETF是一籃子股票，不是一檔股票，它的風險比較低，安全性更高，所以操作ETF會覺得沒那麼緊張。

超 馬 芭 樂：那麼今天我們就聊聊ETF該怎麼操作，能讓資產增值。

5-1 非高股息ETF可分成4大類

　　芭樂大先講一點非高股息型ETF的基本觀念，市場產品通常可以分為4大類：

① 市值型ETF

　　主要追蹤與大盤有高度連動性的指數，簡單來說，市值要夠大才會納入指數，特色是費用率低、成分股具代表性，可分散風險，以及入門較簡單。

市值型ETF分3類

資料來源：證交所、櫃買中心、各家投信

市場／類型	純市值型	ESG型	Smart beta型
上市市場	元大台灣50 （0050） 永豐台灣加權 （006204） 富邦台50 （006208）	富邦公司治理 （00692） 元大台灣ESG永續 （00850） 群益台ESG低碳50 （00923）	FT台灣Smart （00905） 兆豐龍頭等權重 （00921）
上櫃市場	元大富櫃50 （006201）	中信上櫃ESG 30 （00928）	無
上市＋上櫃市場	富邦摩台 （0057） 元大MSCI台灣 （006203）	無	中信台灣智慧50 （00912） 國泰台灣領袖50 （00922）

② 產業型ETF

　　指的是成分股鎖定特定產業或特定概念股的ETF，特點包括：節省時間，不用個別研究該產業的某一家公司，以及可以參與某熱門產業的成長。譬如以金融股為主的元大MSCI金融（0055）、以科技股為主的富邦科技（0052）等。

產業型ETF的種類

科技產業型ETF

以科技產業為主，
還包括各個科技次產業，
如5G、AI、雲端、網路等

全市場型ETF

包含科技、生技、
傳產、金融、能源等產業

③ 主題型 ETF

以某種產業為主題，如5G、電動車、半導體、醫療生技等，將該產業相關的公司全部納入同一檔ETF發行，譬如以5G產業鏈為主的國泰台灣5G+（00881）、以半導體產業為主的中信關鍵半導體（00891）等。

主題型 ETF 的種類

醫療生技

國泰基因免疫革命（00898）
富邦基因免疫生技（00897）

AI

元大全球AI（00762）
台新全球AI（00851）

ESG

富邦公司治理（00692）
元大台灣ESG永續（00850）
永豐台灣ESG（00888）

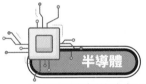

半導體

中信關鍵半導體（00891）
富邦台灣半導體（00892）

電動車

國泰智能電動車（00893）
中信綠能及電動車（00896）
富邦未來車（00895）
永豐智能車供應鏈（00901）

5G

國泰台灣5G+（00881）
復華中國5G（00877）
元大未來關鍵科技（00876）
元大全球未來通訊（00861）

④ 商品型ETF

指的是投資原物料商品類的ETF，像是黃金、白銀、原油、黃豆、玉米、小麥，譬如元大S&P 500石油（00642U）、元大道瓊白銀（00738U）等商品型ETF。

投資人只要關注2大類ETF

上述分類都算是專業的分類，不過就操作的角度而言，芭樂大只會把台股的股票型ETF分成2種：「高股息型ETF」與「非高股息型ETF」。

投資高股息ETF的目的是，領取高而穩定的被動收入；至於要賺取價差、讓資產增值，便該操作非高股息型ETF，投資方式其實與投資股票的「由上而下」投資法邏輯相同。簡單來講，就是先選定對應指數，再精選標的，然後制定操作策略。

先瀏覽以下這些各式各樣的非高股息型ETF，你覺得它們的共通點是什麼？

●**元大台灣50（0050）**：2003/06/30上市，成分股涵蓋台灣證券市場中市值前50大的上市公司，是台灣證券市場第1檔市值型ETF。

●**富邦科技（0052）**：2006/08/31上市，從台灣50和台灣中型100指數成分股中，選擇依富時（FTSE）產業類別為「科技業」的公司，再依照市值大小和流通量選取適合的成分股。

●**元大電子（0053）**：2007/07/16上市，採用指數化策略進行操作，並以複製標的指數「台灣證券交易所電子類發行量加權股價指數」的績效表現為目標。

●**富邦摩台（0057）**：2008/02/27上市，追蹤MSCI台灣指數，該指數包含大型藍籌股與中型潛力股，產業也會分散至傳產、電子及金融3大投資區塊。

●**元大MSCI台灣 (006203)**：2011/05/12上市，以完全複製的指數化操作策略，追蹤MSCI台灣指數的績效表現，涵蓋台灣50指數、台灣中型100指數及櫃買指數成分股，一次買進囊括權值股與中型潛力股。

●**富邦台50 (006208)**：2012/07/17上市，與0050一樣追蹤台灣50指數，並採完全複製法，自上市公司當中依總市值排序，並符合流通量、流動性等要求，篩選出的前50名公司。

●**兆豐藍籌30 (00690)**：2017/03/31上市，依照以下步驟篩選成分股：(1)最近12個月成交金額前20%或近3個月的月平均成交量達10,000張或近3個月的月平均周轉率達6%。(2)稅後淨利連續3年＞0，且稅後淨利和營收連續3年排名前50%，且每股現金股利連續3年排名前50%。(3)選取符合財務指標與股利發放指標的上市公司股票，再依股票市值由大到小排序選取前30名。

●**富邦公司治理 (00692)**：2017/05/17上市，追蹤「台灣公司治理100指數」，主要投資台灣「公司治理評鑑」結果前20%的股票；另外也加入流動性及財務指標的篩選，將高風險的企業排除，以降低整體投資風險。

●**第一金工業30 (00728)**：2018/04/18上市，追蹤的是「台灣指數公司工業菁英30指數」，主要投資台灣30檔上市的工業類股，以營運穩定性、獲利能力、股利發放、市值及流動性等因子篩選出成分股。

●**國泰台灣5G+ (00881)**：2020/12/10上市，從台股上市、上櫃股票中，運用FactSet資料庫中的產業分類，去篩選出5G相關產業中符合流動性及獲利性等條件之個股做為成分股。

●**永豐台灣ESG (00888)**：2021/03/31上市，從FTSE GEIS裡挑選中大型(自由流通調整市值前86%)且為台灣上市櫃之股票；再以「ESG分數」及「股息殖利率」為重要加權因子篩選出成分股。

● **中信小資高價30（00894）**：2021/08/13上市，在ESG評鑑50%名單中，篩選出股價排名前60名以內或是股價排名前100名以內且股價高於200元；稅後純益＞0且ROE或股利成長前80%；近3個月零股成交額排名前50%。

● **永豐智能車供應鏈（00901）**：2021/12/15上市，從產業價值鏈資訊平台選取智能車用電子與綠能關鍵產業，以及財團法人車輛研究測試中心篩選出上市上櫃電動車供應商；此外最近3個月的日平均成交金額達新台幣1,000萬元、或最近12個月中至少8個月自由流通周轉率達3%；再滿足最近1季EPS＞0且最近4季EPS合計＞0。

● **新光台灣半導體30（00904）**：2022/03/07上市，從台灣上市、上櫃股票中，篩選成分股之市值需達新台幣8億元以上、非既有成分股之市值需達新台幣10億元以上之個股，再從上述成分股當中，篩選出產業分類為「半導體業」之個股；再依公司市值進行排序，選取市值前30大之公司個股。

● **FT台灣Smart（00905）**：2022/04/21上市，是以「最適化複製法」追蹤「台灣指數公司特選Smart多因子指數」，提高成分股市值覆蓋率以及避免零股交易，以追求貼近標的指數之績效表現。

● **中信台灣智慧50（00912）**：2022/06/29上市，從上市櫃普通股股票中，選取近12個月成交金額排名前20%、近12個月自由流通周轉率至少8個月達3%，依成分股市值由大到小進行排序，篩選出前50名；再根據累積合併營收成長率、最近6個月還原股價報酬率、稅後淨利年成長率、本益比、營運現金負債比、毛利率、營益率之權重加減碼。

● **國泰台灣領袖50（00922）**：2023/03/27上市，首先由MSCI台灣指數成分股為母體，依照市值大小做為原始權重；再排除爭議性武器、近4季每股盈餘為負、MSCI低碳轉型分數最後20%且ESG評級為B（含）

以下的公司。

● **群益台ESG低碳50（00923）**：2023/03/08上市，以台灣上市股票為母體，經流動性指標篩選後，依照「國立台北商業大學商學院企業永續發展研究中心」所揭露之碳排放考量企業碳排對企業營收的影響，再結合「企業永續發展研究中心」提供之資訊結果，評估市值規模、財務指標做為篩選條件，選取市值前50大股票。

● **野村台灣新科技50（00935）**：2023/11/01上市，第1階段創新科技：屬RBICS Level 6範圍內之營業收入合計占該公司營業收入達50%以上且發行市值達新台幣50億元以上；第2階段創新能力：研發費用占營收比例屬前75%高或占比達2%以上；最近1週還原收盤價占最近52週還原收盤價最高點之比例屬前90%高；最近4季營業利益合計為正值，滿足上述條件後，再依發行市值擇優選50檔股票做為成分股。

從基本資料來看，名稱差很多、內涵也不相同，彼此之間看起來幾乎不相關。不過，你再看這些非高股息型ETF的前5大持股，你覺得有沒有某種共通性？

Tips ETF的優點

1. 交易方便：ETF的交易方式就像股票，投資人只要有證券帳戶便可進行買賣。此外，ETF的交易稅只要千分之1，較股票的千分之3便宜。

2. 成本低廉：ETF的管理策略是追蹤指數報酬，可省下一筆研究分析費用；另一方面，ETF這種被動式的投資策略，不會像主動式管理基金一樣進行頻繁交易，交易成本自然降低。

3. 分散投資：ETF投資一籃子股票，不受個別公司而影響績效，可有效降低個別公司所帶來的風險，也可降低波動性。

非高股息型ETF的前5大持股

代號	名稱	5大持股				
0050	**元大台灣50**	台積電	鴻海	聯發科	台達電	廣達
0052	**富邦科技**	台積電	鴻海	聯發科	廣達	聯電
0053	**元大電子**	台積電	鴻海	電子期	台達電	聯電
0057	**富邦摩台**	台積電	鴻海	小台指期	台達電	聯電
006203	**元大MSCI台灣**	台積電	鴻海	台達電	小台指期	聯電
006208	**富邦台50**	台積電	鴻海	聯發科	台達電	廣達
00690	**兆豐藍籌30**	台積電	聯發科	台達電	富邦金	聯電
00692	**富邦公司治理**	台積電	鴻海	台達電	台指期	聯電
00728	**第一金工業30**	台積電	聯電	聯詠	大立光	研華
00881	**國泰台灣5G+**	台積電	鴻海	聯發科	廣達	台達電
00888	**永豐台灣ESG**	台積電	聯電	台達電	群光	廣達
00894	**中信小資高價30**	台積電	聯發科	廣達	華碩	國巨
00901	**永豐智能車供應鏈**	台積電	鴻海	聯發科	台達電	廣達
00904	**新光台灣半導體30**	台積電	聯發科	聯電	日月光投控	聯詠
00905	**FT台灣Smart**	台積電	鴻海	廣達	台達電	聯電
00912	**中信台灣智慧50**	台積電	聯發科	鴻海	電子期	開發金
00922	**國泰台灣領袖50**	台積電	鴻海	聯發科	台達電	廣達
00923	**群益台ESG低碳50**	台積電	聯發科	鴻海	聯電	瑞昱
00935	**野村台灣新科技50**	台積電	聯發科	台達電	聯電	電子期

資料來源：各家投信　資料日期：2024/07/15

　　名稱各異其趣，選股邏輯也各自表述，看起來幾乎完全不相干的ETF們，全都持有台積電，而且比重都超高，至少都有30%。

5-2 評估非高股息ETF的投資價值

　　非高股息ETF不約而同地全都將台積電列為最大成分股,所以,這跟個股由上而下投資法的精神與邏輯很神似,台積電就是這些非高股息型ETF的對應指數,只要跟著台積電,就能掌握這些ETF的脈動。

　　因此,投資人不用花時間和精力去比較那些看不太懂的文言文,可以採用「禿子跟著月亮走」的沾光投資法(趨勢投資)來選擇標的。此外,還有另外一個同樣有用的選股方法,就是β(Beta)遴選法。

以β值挑出比大盤優的ETF

　　通常我們會利用β值來衡量單一標的對比大盤的波動性,也就是投資的商品報酬相對於大盤表現的波動程度。市場表現的β基準是1,β＞1代表標的會在市場表現好時更亮眼,市場表現差時更疲軟;β＝1表示標的的波動性與整體市場同步;β＜1則表示市場表現好時,績效不比大盤好,但市場表現差時,標的的表現則優於大盤。

掃描QR Code
檢視非高股息型ETF的
日、週、月β值Excel試算表

　　我們的目標是,透過操作來賺取價差、讓資產增值,當然就希望該檔非高股息型ETF的β值大一點。接下來,就來看看它們的各項β值。

含「積」量高的非高股息型 ETF 之 β 值

代號	名稱	上市日期	日β值	週β值	月β值
0050	元大台灣50	2003/06/30	0.5744	0.6039	0.6522
0052	富邦科技	2006/08/31	0.6612	0.7369	0.8629
0053	元大電子	2007/07/16	0.5530	0.6443	0.7502
0057	富邦摩台	2008/02/27	0.5996	0.6237	0.6583
006203	元大MSCI台灣	2011/05/12	0.5304	0.5921	0.5664
006208	富邦台50	2012/07/17	0.5701	0.5956	0.6176
00690	兆豐藍籌30	2017/03/31	0.3445	0.5210	0.4992
00692	富邦公司治理	2017/05/17	0.4438	0.5532	0.5500
00728	第一金工業30	2018/04/18	0.3738	0.5876	0.5703
00881	國泰台灣5G+	2020/12/10	0.2880	0.6434	0.6308
00888	永豐台灣ESG	2021/03/31	0.0996	0.5250	0.5136
00894	中信小資高價30	2021/08/13	0.2332	0.6199	0.7003
00901	永豐智能車供應鏈	2021/12/15	0.2887	0.5934	0.6374
00904	新光台灣半導體30	2022/03/07	0.3033	0.7366	0.7852
00905	FT台灣Smart	2022/04/21	0.1060	0.5198	0.5803
00912	中信台灣智慧50	2022/06/29	0.2646	0.5042	0.5883
00922	國泰台灣領袖50	2023/03/27	0.3336	0.4763	0.5496
00923	群益台ESG低碳50	2023/03/08	0.3707	0.5251	0.6029
00935	野村台灣新科技50	2023/11/01	0.3251	0.6053	0.6300

資料來源：超馬芭樂製作　說明：有底色者為該期 β 值排名前10名者

　　我先強調一下，不是說該檔非高股息型 ETF 的 β 值不夠大，就不值得投資，我們還是可以根據自己對產業的研究、評估、分析，判斷哪一種產業或領域前景不錯，然後進行投資操作。

　　芭樂大跟大家分享的方法是以築夢踏實、面對現實的方式進行，如果你不懂產業、不懂經濟、不懂這個、不懂那個，就能透過沾台積電的光來操作ETF。

　　上表將近20檔非高股息型ETF，按照日、週、月β值將排序前10名的標的分別加底色：

　　日β值較高的ETF：0050、0052、0053、0057、006203、006208、00690、00692、00728、00923

　　週β值較高的ETF：0050、0052、0053、0057、006208、00881、00894、00901、00904、00935

　　月β值較高的ETF：0050、0052、0053、0057、006208、00881、00894、00901、00904、00935

　　那應該選日β值較高者、週β值較高者，還是月β值較高者？如果打算波段操作，首選是日β值、週β值、月β值三者皆高者，包括0050、0052、0053、0057、006208；次佳者則是日β值雖然不夠高，但週β值與月β值皆高者，包括00881、00894、00901、00904、00935。

挑選成交量夠大的ETF

　　再來便是考慮成交量，只要論及操作，就一定要考慮流動性風險，你總不希望該檔非高股息型ETF一天的成交量只有5張，好像就你一個人在買賣，這樣的感覺不太好，對吧？

　　我們先看首選族群中的5檔ETF：

　　0050：日均量超過10,000張，流動性非常夠。

　　0052：日均量500～1,000張，流動性略嫌不足。

　　0053：日均量只有幾十張，流動性不太好。

0057：日均量只有幾十張，流動性不太好。

006208：日均量7,000～8,000張，流動性非常夠。

因此，日β值、週β值、月β值三者皆高的首選族群中，0050和006208的流動性較佳，也是之後操作非高股息型ETF時可特別留意的標的。

再來看次佳族群：

00881：日均量超過10,000張，流動性非常夠。

00894：日均量1,000～2,000張，流動性尚可。

00901：日均量1,000～2,000張，流動性尚可。

00904：日均量1,000～2,000張，流動性尚可。

00935：日均量5,000～8,000張，流動性很不錯。

日β值雖然不夠大，但週β值與月β值兩者皆高的次佳族群中，00881和00935的流動性相對佳，是之後操作非高股息型ETF時可考慮的次佳標的。

Tips 什麼是流動性風險？

流動性風險(liquidity risk)有幾個層面，在證券、基金或貨幣市場當中，是指因市場成交量不足或缺乏願意交易的買方，導致想賣而賣不掉的風險。

如果某項資產的交易活動頻繁，買方與賣方都很多，就代表這個資產有高流動性；反之如果交易活動冷清，買方與賣方都很少，交易過程需要付出高額成本代價，甚至無法完成交易，就被稱為流動性差或流動性風險。

5-3 跟著台積電週KD操作ETF

挑出β值較高、成交量夠大的ETF之後，接下來就是跟隨台積電的高低律動，伺機買賣精選出來的非高股息型ETF。

也就是說，乘台積電之勢而進，再順台積電之勢而出。當台積電出現波段操作的機會，你可以買台積電現股或台積電零股，當然也可以買進這些含「積」量高的非高股息型ETF。

同理，當台積電已經漲多、甚至出現拉回的態勢，不只台積電的現股和零股要見好就收，這些含「積」量夠高的非高股息型ETF，當然也要落袋為安。

非高股息型ETF的操作，對應指數是台積電單一個股，波動性與變動性與指數相比有明顯不同，建議用技術指標的還原週K值比較恰當，而且要確定行情啟動才動作。

當台積電還原週線的週K值落在20以下時，先不要急著進場，要等之後出現黃金交叉且股價收過黃金交叉之高點，表示趨勢有機會正式啟動，就可以買進精選的非高股息型ETF。反之，當台積電還原週線的週K值已漲至80以上，也還不用立刻就逃，可等到出現死亡交叉且股價收破死亡交叉低點時再出場。

芭樂大就用以下線圖內容詳細說明。

台積電還原週線圖

2023/09/04

| 開：538.51 | 高：546.36 | 低：524.78 |
| 收：528.70 | 漲跌：-8.83 | 漲跌幅：-1.64% |

1080.00

528.7

KD K(9,3)18.08% ↓ D(9,3)27.09% ↓

2023/06/05　09　　　　　2024　　03　　　　06

2023/09/11

| 開：528.70 | 高：550.39 | 低：525.76 |
| 收：550.39 | 漲跌：21.69 | 漲跌幅：4.10% |

1080.00

550.4

KD K(9,3)27.91% ↑ D(9,3)27.36% ↑

2023/06/05　09　　　　　2024　　03　　　　06

資料來源：XQ全球贏家

▶ 2023/09/04當週，台積電的還原週K值已落至20以下，表示月光初現了，不過，此時先不要急著買進非高股息型ETF。

▶ 2023/09/11當週，台積電的還原週KD值已經出現27.91＞27.36的黃金交叉，表示月光越來越亮。不過，此時也還不急著買進，等台積電股價收過黃金交叉之股價高點550.39元，趨勢才算啟動。而一旦黃金交叉的低點525.76元被跌破，就表示這個趨勢是假象，不要躁進。

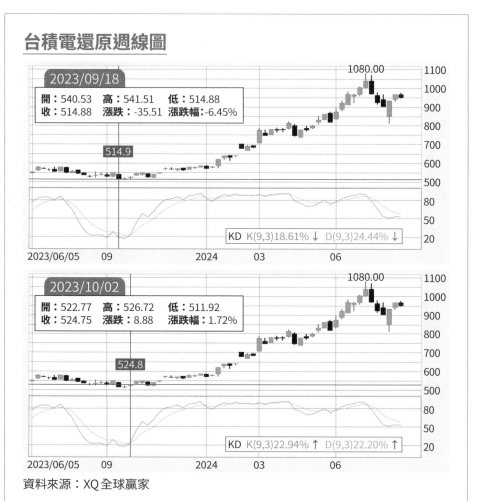

台積電還原週線圖

2023/09/18
開：540.53　高：541.51　低：514.88
收：514.88　漲跌：-35.51　漲跌幅：-6.45%

514.9

1080.00

KD K(9,3)18.61% ↓ D(9,3)24.44% ↓

2023/06/05　09　2024　03　06

2023/10/02
開：522.77　高：526.72　低：511.92
收：524.75　漲跌：8.88　漲跌幅：1.72%

524.8

1080.00

KD K(9,3)22.94% ↑ D(9,3)22.20% ↑

2023/06/05　09　2024　03　06

資料來源：XQ全球贏家

▶ 2023/09/18當週，台積電股價不但沒有收過黃金交叉之高點550.39元，收盤價514.88元反而收破黃金交叉之低點525.76元，上週出現的趨勢其實是假象，靜候時機。

▶ 2023/10/02當週，台積電的還原週K值不僅之前有先落至20以下，週KD值更出現22.94＞22.20的黃金交叉，不過，依然要注意，此時還是不急著買進非高股息型ETF，台積電股價收過黃金交叉之高點526.72元，趨勢才算啟動。一旦黃金交叉的低點511.92元被跌破，就表示這個趨勢是假象，不要躁進。

台積電還原週線圖

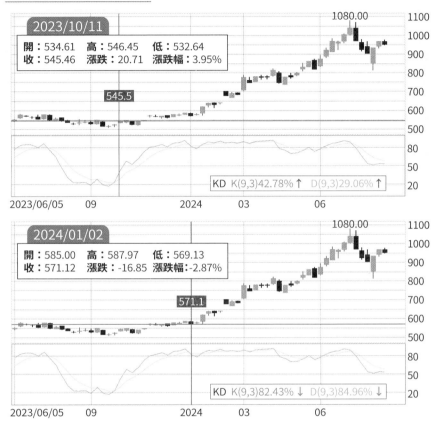

2023/10/11

開：534.61	高：546.45	低：532.64
收：545.46	漲跌：20.71	漲跌幅：3.95%

545.5

1080.00

KD K(9,3)42.78% ↑ D(9,3)29.06% ↑

2023/06/05　　09　　　　　2024　　　03　　　　06

2024/01/02

開：585.00	高：587.97	低：569.13
收：571.12	漲跌：-16.85	漲跌幅：-2.87%

571.1

1080.00

KD K(9,3)82.43% ↓ D(9,3)84.96% ↓

2023/06/05　　09　　　　　2024　　　03　　　　06

資料來源：XQ全球贏家

▶ 2023/10/11當週，台積電股價收在545.46元，收過了黃金交叉之高點526.72元，趨勢啟動，所以精選的非高股息型ETF，無論是首選的0050、006208，或是次佳的00881、00935，都可以乘台積電之勢而買進。

▶ 2024/01/02當週，台積電的還原週K值不僅已經漲至80以上，週KD值也出現82.43＜84.96的死亡交叉，不過，此時還是不急著賣出非高股息型ETF，台積電股價收破死亡交叉之低點569.13元，趨勢才算結束。一旦死亡交叉的高點587.97元被收過，表示這個趨勢還在進行，不用急著下車。

台積電還原週線圖

資料來源：XQ全球贏家

▶ 2024/01/15當週，台積電股價不但沒有收破死亡交叉之低點569.13元，收盤價620.69元反而收過了死亡交叉的高點587.97元，判斷趨勢還在進行，持股續抱。

▶ 2024/02/15當週，台積電的還原週KD值再度出現87.61＜87.79的死亡交叉，不過，此時還是不急著賣出非高股息型ETF，台積電股價收破死亡交叉之低點677.21元，趨勢才算結束。一旦死亡交叉的高點702.99元被收過了，就表示這個趨勢還在進行，不用急著下車。

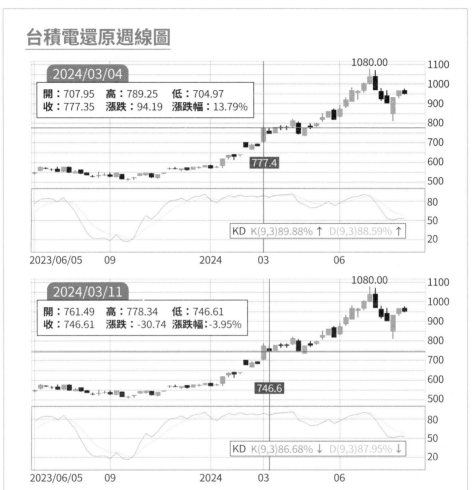

台積電還原週線圖

2024/03/04

開：707.95	高：789.25	低：704.97
收：777.35	漲跌：94.19	漲跌幅：13.79%

1080.00

777.4

KD K(9,3)89.88% ↑ D(9,3)88.59% ↑

2023/06/05　09　　2024　03　　06

2024/03/11

開：761.49	高：778.34	低：746.61
收：746.61	漲跌：-30.74	漲跌幅：-3.95%

1080.00

746.6

KD K(9,3)86.68% ↓ D(9,3)87.95% ↓

2023/06/05　09　　2024　03　　06

資料來源：XQ全球贏家

▶ 2024/03/04當週，台積電股價不但沒有收破死亡交叉之低點677.21元，收盤價777.35元反而收過了死亡交叉的高點702.99元，判斷趨勢還在進行，同樣不用急著下車，持股續抱。

▶ 2024/03/11當週，台積電的還原週KD值又再度出現86.68＜87.95的死亡交叉，不過，此時還是不急著賣出非高股息型ETF，台積電股價收破死亡交叉之低點746.61元，趨勢才算結束。一旦死亡交叉的高點778.34元被收過了，就表示這個趨勢還在進行，不用急著下車。

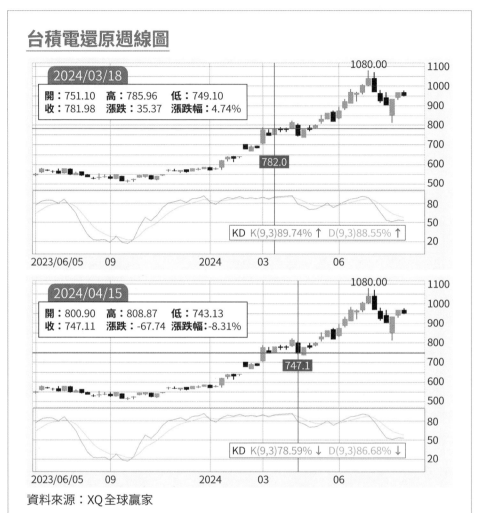

台積電還原週線圖

2024/03/18

開：751.10　高：785.96　低：749.10
收：781.98　漲跌：35.37　漲跌幅：4.74%

1080.00

782.0

KD　K(9,3)89.74%↑　D(9,3)88.55%↑

2023/06/05　　09　　　　　2024　　03　　　　06

2024/04/15

開：800.90　高：808.87　低：743.13
收：747.11　漲跌：-67.74　漲跌幅：-8.31%

1080.00

747.1

KD　K(9,3)78.59%↓　D(9,3)86.68%↓

2023/06/05　　09　　　　　2024　　03　　　　06

資料來源：XQ全球贏家

▶ 2024/03/18當週，台積電股價不但沒有收破死亡交叉之低點746.61元，收盤價781.98元反而收過了死亡交叉的高點778.34元，判斷趨勢還在進行，同樣不用急著下車，持股續抱。

▶ 2024/04/15當週，台積電的還原週KD值又出現78.59＜86.68的死亡交叉，不過，此時還是不急著賣出非高股息型ETF，台積電股價收破死亡交叉之低點743.13元，趨勢才算結束。一旦死亡交叉的高點808.87元被收過，就表示這個趨勢還在進行，不用急著下車。

台積電還原週線圖

資料來源：XQ全球贏家

▶ 2024/05/13當週，台積電股價不但沒有收破死亡交叉之低點743.13 元，收盤價831.79元反而收過了死亡交叉的高點808.87元，判斷趨勢還在進行，同樣不用急著下車，持股續抱。

▶ 2024/05/27當週，台積電的還原週KD值又出現73.36＜76.04的死亡交叉，不過，此時還是不急著賣出非高股息型ETF，台積電股價收破死亡交叉之低點817.84元，趨勢才算結束。一旦死亡交叉的高點874.62元被收過，就表示這個趨勢還在進行，不用急著下車。

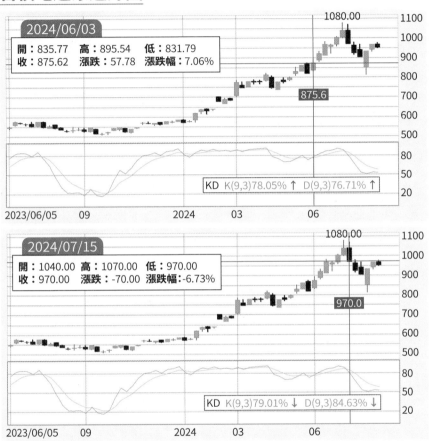

台積電還原週線圖

資料來源：XQ全球贏家

▶ 2024/06/03當週，台積電股價不但沒有收破死亡交叉之低點817.84
元，收盤價875.62元反而收過了死亡交叉的高點874.62元，判斷趨勢
還在進行，同樣不用急著下車，持股續抱。

▶ 2024/07/15，股價已經突破千元的台積電，還原週KD值又出現79.01
＜84.63的死亡交叉，不過，此時還是不急著賣出非高股息型ETF，
台積電股價收破死亡交叉之低點970元，趨勢才算結束。一旦死亡交
叉的高點1,070元被收過，就表示這個趨勢還在進行，不用急著下車。

台積電還原週線圖

2024/07/22
開：964.00　高：979.00　低：915.00
收：924.00　漲跌：-46.00　漲跌幅：-4.74%

1080.00
924.0

KD K(9,3)66.17%↓ D(9,3)78.48%↓

2023/06/05　09　2024　03　06

資料來源：XQ全球贏家

▶ 2024/07/22，台積電股價收在924元，確定收破了死亡交叉之低點 970元，確認趨勢暫時結束了，精選的非高股息型ETF，無論是首選 的0050和006208，或是次佳的00881和00935，都可以順台積電之勢 而賣出！

最後我們再來看看這段期間，3檔含「積」量高的非高股息ETF，也 可稱為台積電型ETF的股價表現如何。

0050：從117.74元漲至201.77元，漲了71.3%（[201.77－ 117.74]÷117.74）。

006208：從68.73元漲至118.54元，漲了72.5%（[118.54－ 68.73]÷68.73）。

00881：從15.52元漲至27.50元，漲了77.2%（[27.50－ 15.52]÷15.52）。

訪談後記

內湖Mabel： 與其把時間花在研究火星文，不如直搗核心，既然名稱不同、選股邏輯不同的非高股息型ETF，其實都是含「積」量至少30%的台積電型ETF，那就把台積電當作對應指數，根據「禿子跟著月亮走」的沾光法來操作。也就是用台積電還原週線的技術指標週KD值來判斷行情啟動或結束，然後直接操作含「積」量高且流動性好的非高股息型ETF如0050、006208、00881和00935，這樣更有效率！

超 馬 芭 樂： 沒錯！

內湖Mabel： 了解，謝謝指導，也期待芭樂大再次來訪。

超馬芭樂幫你檢視持股

　　讀者如希望超馬芭樂幫你確認，挑的是不是非高股息ETF的好標的，請到超馬芭樂的臉書粉專私訊我，芭樂大很樂意幫你檢視。

超馬芭樂FB粉專

PART 3 / 基金投資

···→ **1指標挑對債券型基金**

···→ **定期不定額
提升投資績效**

···→ **母子基金
4大優點打敗人性**

1 指標挑對債券型基金

管理部主管納悶，為何降息就該買債？

對談日期：2023年10月14日
受訪朋友：桃園鴻文（52歲，科技公司管理
部主管）一家人

投資債券
必知3件事

第 1 件事：了解債券型基金

1. 債券投資有信用（違約）、利率及價格波動3風險

2. 利率升降與債券價格呈現相反走勢

3. 債券型基金的種類、優缺點

第 2 件事：掌握債券的債性

透過債券型基金的「債性」，即「平均有效存續期間」的長短，來判定降息（升息）時該檔債券型基金淨值的上漲（下跌）動能強度

第 3 件事：善用平台挑基金

1. 利用基金平台，評估不同債券型基金的平均有效存續期間

2. 挑出基金後，聰明分批布局

對談地點：桃園市桃園區向陽公園

慢跑路徑：超馬芭樂先搭捷運到三重站，再慢跑至桃園的向陽公園。

跑步心得：馬拉松的世界很奇妙，並不是體力好配上1雙專用的馬拉松鞋就夠了，如果遇到了地無三里平的越野賽，就必須換穿適合越野路徑的跑鞋，才能順應情境地發揮既有實力；如同當降息機會來臨，就該調整持股方向，增加債券型商品的部位才對！

對談主題：聽說聯準會一旦降息，就該投資債市，但是要怎麼評估獲利潛能大的債券基金？

對談心得：原來不是只有AI人工智慧值得投資，2025年最有機會價差利息兼得者，是之前讓人霧煞煞、此刻完全搞懂的債券基金投資！

桃園鴻文：芭樂大，從2023年起市場就一直說美國
聯準會（Fed）要降息，應該要投資債券
型ETF或債券型基金，甚至可以all in
投入。不過，「股票」我還有點概念，「債
券」就真的很陌生了，所以才想麻煩芭
樂大來教教我，我媽媽、我老婆和我妹
妹也都很想聽。

超馬芭樂：債券是一種借據，約定每期會支付的利
息，以及到期後應該償還的本金。更精
準地說，債券是發行者為籌集資金而發
行的有價證券，在約定時間內支付一定
比例的利息，並在到期時償還本金。

桃園鴻文：那債券型基金要怎麼挑呢？要注意哪些
事情呢？有沒有什麼簡單的判斷方法？

超馬芭樂：當然有，我現在就來告訴你們，想買債
券型基金賺價差，最該了解的1個關鍵
指標。

6-1 了解債券型基金

「債券型基金」與一般股票基金的操作方式相同，是由一群人將手邊資金交由專業經理人代為管理，以共同資金進行投資，主要差別在於投資標的為「債券」。由於債券具備固定配息的特性，又常被稱為「固定收益型基金」。

債券型基金的風險

投資債券型基金主要有以下3個風險，進場前應徹底理解。

風險1：債券違約

債券根據風險評級的高低，有可能發生違約的情況，一旦違約出現，債券可能會付不出利息或還不出本金。不過，債券基金和債券ETF已經適度分散在一籃子的債券，因此違約風險的影響大幅減少。如果只買1檔債券，一旦違約，會失去當初投入的100%本金；但是如果分散在100檔債券，假設每檔占1%，其中1檔即使違約，也只會讓總淨值損失1%。

風險2：利率升降

債券在利率上升時，短期內的價值（市價）會下跌；反之，在利率下降時，短期內的價值（市價）會上漲，受影響的大小與債券基金的到期時間有關，到期時間越長，受利率影響就越大。

風險3：價格波動

債券會依據短期的市場狀況、投資人的預期，出現劇烈的價格波動，有時候債券會出現流動性緊縮的恐慌，造成短時間價格暴跌，雖然之後有很大機率恢復理性，但是投資人仍會在債券基金的價格上看到劇烈的變化。

利率升降與債券價格呈相反走勢

為什麼當市場說，美國聯準會即將降息，投資人就應該投資債券呢？其實大家很陌生的債券，與定存的概念差不多。定存是將一筆錢放到銀行，時間到了銀行就會發利息；債券也一樣，我們把一筆錢放在政府或企業，時間到了也可以領到利息，原理跟定存幾乎一樣。所以我就用大家熟悉的定存，來說明利率升降和債券投資的關係。

假設芭樂大手上有1張XX郵政的1年期定存單，本金10萬元，定存利率為4.37%，表示到期時我可以領到4,370元的利息。如果今天國X銀行宣布，1年期的定存利率調高到5.37%，會有人想用10萬元跟我買這張XX郵政的定存單嗎？

應該不想！因為直接拿10萬元去存國X銀行的定存會比較好，利率是5.37%，比XX郵政的定存單高1%，可以多賺1,000元。

但如果我把這張XX郵政的定存單用95,000元賣你，你應該就有興趣了，因為花95,000元就能買到這張到期可以領到10萬元的定存單，等於先賺到5,000元，加上到期後還可以領到4,370元的利息，算一算比現在拿去存銀行定存的報酬率高很多。

反過來說，假使你手上有這張XX郵政的1年期定存單，本金10萬元，定存利率為4.37%，如果中X銀行宣布，1年期的定存利率調降到3.37%，我想用10萬元跟你買XX郵政的定存單，你願不願意賣給我？

當然也不要！因為你賣我10萬元，我可以領到4.37%的利息；你再把10萬元拿去存中X銀行，卻只能領到3.37%的利息，足足少了1,000元的利息。

但如果我願意用10萬5,000元跟你買這張XX郵政的定存單，你應該就會答應了。因為你可以先賺5,000元，再把這10萬5,000元拿去中X銀行定存，儘管利率只有3.37%，但還是會領到3,539元的利息

（105,000×3.37%），加一加等於賺到8,539元。如果不賣，時間到了，你只能領到4,370元的利息（100,000×4.37%），兩者相差有4千元之多，你當然願意賣我。

這就是當市場的利率調高時，舊的債券（利率較低）的價格勢必會往下掉；而當市場的利率調降時，舊的債券（利率較高）的價格肯定會往上漲的原因。簡單說，利率和債券價格呈反向關係。

當然，以專業的角度來看，仍是不盡完善（未考慮存續期、到期日、票面利率等），不過道理便是如此。所以，自2023年市場預期美國聯準會即將降息，包括債券、債券型ETF、債券型基金湧入大量資金，因為大家都認為債券型基金或債券型ETF很值得買。

Tips 債券操作策略

相較於單一債券，有著一籃子債券的基金，雖然比較不會有違約風險，但規模太小，還是有被合併或清算的問題，所以在挑選過程中，最好不要挑規模小的基金。

至於買債券型基金，就算市場上充滿降息聲，但在美國聯準會尚未正式宣布前，不用急著all in，可以先在低檔買一些就好，等聯準會正式宣布降息時，再把剩餘資金投入，這樣會比較安全點。

債券型基金該怎麼挑？

不過，市場上的債券型基金有很多種，總不可能隨便買一檔，該怎麼挑？又該去哪裡找到適當的債券型基金呢？

債券型基金的種類

種類	風險程度	說明	舉例
政府公債	最低	各國發行的政府公債	美國公債20年基金
公司債	低	各國發行的公司債	科技業公司債基金
非投資等級債（垃圾債）	中	除了公債、公司債，其餘的債券，亦即舊稱的高收益債	全球非投資等級債券基金
新興市場的政府公債（國家主權債）和公司債	中	風險較高國家所發行的政府公債和公司債	新興市場債券基金
新興市場非投資等級債	高	風險較高國家發行的高收益債	新興市場非投資等級債券基金
複合債券	依照占比	組合式債券基金，所有債券都有，風險大小要看分布占比	複合債券基金

資料來源：投信投顧公會，超馬芭樂整理

坊間的訊息很多，有人說，要看那檔債券型基金是政府公債、投資等級公司債、非投資等級公司債，還是新興市場債券；也有人說，要看那檔債券型基金是屬於金融債、電信債、公用事業債還是醫療債；另外有人說，要看那檔債券型基金的信用評級（標準普爾和惠譽國際信評機構的信用評級，前4級皆為 AAA、AA、A、BBB，穆迪的前4級則為 Aaa、Aa、A、Baa）。

債券的信用評級

資料來源：信評機構

信評機構	標準普爾	穆迪	
投資等級	AAA	Aaa	強
	AA	Aa	↑
	A	A	還款能力
	BBB	Baa	
非投資等級（垃圾債券）	BB	Ba	
	B	B	↓
	CCC	Caa	
	CC	Ca	
	C	C	弱

　　更有人說，要看那檔債券型基金是投資美國、歐洲、日本，還是全球；再細一點，還可以根據債券型基金的3年平均報酬、超額報酬、獲利穩定度、交易成本、報酬對變動比率來進行「5力分析」。

主要債券類型的報酬率和優缺點

資料來源：Bloomberg
2001/10/1～2011/9/30

債券	美國公債	非投資等級債	新興市場債	新興市場主權債	投資等級債	美國可轉換公司債
10年年化報酬率	2.7%	12.84%	11.5%	2.06%	2.79%	12.8%
優點	高安全性（低違約率）、高流動性	高報酬	高報酬	穩定偏高的報酬	高安全性（低違約率）、高流動性	收益率較高、與股市連動性高
缺點	收益率較低	波動度較高、流動性稍低、較高違約風險	高風險、較低流動性、主權政治風險	波動度稍高、主權政治風險	收益率較低	波動度高

6-2 股票有股性 債券也有債性

前述的債券型基金種類和評級，看起來都很專業，內容都有道理，不過畢竟是火星文，而且還是眾說紛紜的火星文，一般投資人對於債券型基金該怎麼選還是有障礙。

我就用另外一種方式說明。如果確定台股接下來會有一波不小的波段行情，所有的股票都能順勢上漲，那麼中華電（2412）和華邦電（2344），該選哪一檔？

你應該會選華邦電，因為中華電的股性很牛皮，每次台股有波段行情時，中華電會漲，但總是漲不多；其他無論是華邦電、台積電（2330），還是楠梓電（2316）、偉詮電（2436），都會漲得比較多，甚至連宏達電（2498）都有機會漲得比中華電多。

這裡就說到了關鍵重點：股性。股票有股性，債券當然也有債性，也就是說，每檔債券型基金都會有債性，當債市有行情，而且是波段行情時，有些債券型基金的淨值漲幅就會比較大，表示它的債性較活潑。反之，有些債券型基金的漲勢不夠看，表示它的債性比較不活潑。

因此，我會把債性的活潑程度與否，放在評估債券型基金的第1順位，亦即我們挑的債券型基金，必須是債性活潑的那種！

債券存續期間＝債性

債券型基金的債性要怎麼看？難不成我們也得靠投資經驗來判斷？當然不用！我們可以用「債券平均有效存續期間」來判斷，指的是「持有債券的平均回本時間」，也就是投資人買了債券後，以總現金流回收債券本息所需的時間，以「年」為單位，採加權平均計算。

存續期間越長的債券，受利率影響的敏感度就越大，利率變動時易

有大波動。反之，存續期間短的債券，受利率影響比較小。也因此，未來利率若上升超乎預期時，存續期間長的債券，下跌會比較多；存續期間短的債券，下跌則比較少。反之，未來利率若下降超乎預期時，存續期間長的債券，上漲會比較多；存續期間短的債券，上漲則比較少。

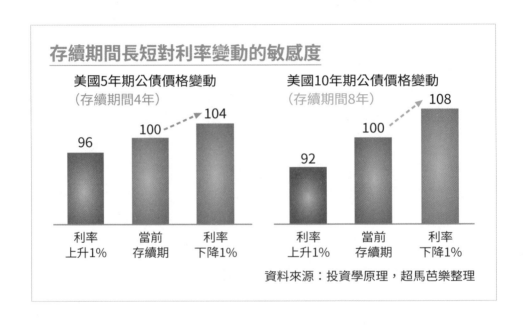

存續期間長短對利率變動的敏感度

美國5年期公債價格變動
（存續期間4年）

美國10年期公債價格變動
（存續期間8年）

利率
上升1%　當前
存續期　利率
下降1%　　　利率
上升1%　當前
存續期　利率
下降1%

96　100　104　　92　100　108

資料來源：投資學原理，超馬芭樂整理

對一般人而言，存續期間看起來像是火星文。不過，別擔心，各檔債券型基金都會自行計算，且都有公開資料可查。

把債券平均有效存續期間看成是債券型基金的債性，那就簡單多了！只要比較不同債券型基金的債性，就可以知道在利率可能調降的過程中，哪檔債券型基金的反應會比較明顯、漲幅會比較大，換句話說，當聯準會啟動降息時，就挑平均有效存續期間比較長的就對了。

舉個例子，以下2檔債券型基金，1檔是瑞銀發的，1檔是路博邁發的，如果要2選1，該挑哪一檔？

瑞銀全方位非投資等級債券基金月報

UBS

瑞銀全方位非投資等級債券證券投資信託基金
(本基金之配息來源可能為本金)

基金資料

基金類別	開放型
註冊地	台灣
經理公司	瑞銀證券投資信託股份有限公司
國外投資顧問	瑞銀資產管理(美國)有限公司
保管銀行	臺灣銀行
次保管銀行	道富銀行
股份類型	A類型受益權單位(含新臺幣計價、美元計價、人民幣計價及澳幣計價四類別)不分配收益；B類型受益權單位(含新臺幣計價、美元計價、人民幣計價及澳幣計價四類別)
成立日期	2018年2月8日
計價幣別	新台幣 / 美元 / 人民幣 / 澳幣
淨值計算基準	T日申購以T日淨值計算；T日贖回以T+1日淨值計算
經理費	每年 1.80%
保管費	每年 0.25%
參考指標	本基金無參考指標
ISIN代碼	A類型-新臺幣計價：TW000T1505A4 A類型-美元計價：TW000T1505C0 A類型-人民幣計價：TW000T1505E6 A類型-澳幣計價：TW000T1505G1 B類型-新臺幣計價：TW000T1505B2 B類型-美元計價：TW000T1505D8 B類型-人民幣計價：TW000T1505F3 B類型-澳幣計價：TW000T1505H9
彭博社代碼	A類型-新臺幣計價：UBFMIHYA TT A類型-美元計價：UBFMIHUA TT A類型-人民幣計價：UBFMIHRA TT A類型-澳幣計價：UBGMIHAA TT B類型-新臺幣計價：UBFMIHYB TT B類型-美元計價：UBFMIHUB TT B類型-人民幣計價：UBFMIHRB TT B類型-澳幣計價：UBFMIHAB TT

基金數據

基金規模	新台幣5億5千3百萬元
修正後存續期間[1]	5.03年

[1]修正存續期間與平均到期剩餘期限係指本基金的固定收益部分

資產配置 - 市場別 (%)

市場	%
美國	87.28%
印度	3.01%
加拿大	2.99%
墨西哥	1.88%
多明尼加	1.52%
巴西	0.28%
現金	3.04%

資產配置 - 產業別 (%)

產業	%
循環性消費	26.39%
能源	13.75%
通訊	11.38%
金融業	11.36%
工業	7.91%
非循環性消費	7.90%
基礎原物料	6.00%
公用事業	5.57%
科技	4.45%
主權債券	1.52%
證券化	0.73%
現金	3.04%

資產配置 - 信用評等別 (%)

評等	%
AAA	0.00%
AA	0.00%
A	2.95%
BBB	23.84%
BB	58.63%
B	10.81%
CCC以下	0.73%
現金	3.04%

資產配置 - 債券別 (%)

債券別	%
非投資級債	67.64%
證券化(ABS&CMBS)	0.73%
投資級債	21.90%
新興市場債(強勢貨幣)	6.69%
新興市場債(當地貨幣)	0.00%
現金	3.04%
期貨	16.70%

資產配置 - 前5大持債 (%)

名稱	發債機構	投資比率
GTN 7 05/15/27	格雷電視公司	3.46
OMF 7 1/8 03/15/26	OneMain金融控股公司	3.02
ENR 4 3/8 03/31/29	勁量控股公司	3.02

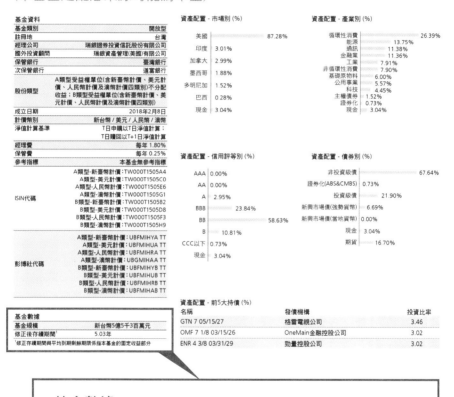

基金數據

基金規模	新台幣5億5千3百萬元
修正後存續期間[1]	5.03年

[1]修正存續期間與平均到期剩餘期限係指本基金的固定收益部分

資料來源：瑞銀投信，2024年7月底

路博邁 ESG 新興市場債券基金月報

	基金	績效指標
平均到期殖利率 (%)	6.77	7.26
平均存續期間 (年)	7.36	7.04
債券檔數	80	774

前十大國家分佈%

	基金	績效指標
哥倫比亞	5.86	3.29
羅馬尼亞	5.50	3.80
祕魯	5.00	2.58
智利	4.90	3.73
阿根廷	4.69	2.10
象牙海岸	4.02	0.48
巴西	3.72	3.71
波蘭	3.30	4.40
超國家組織	3.20	0.00
阿拉伯聯合大公國	3.20	5.15

概要

	基金	績效指標
平均到期殖利率 (%)	6.77	7.26
平均存續期間 (年)	7.36	7.04
債券檔數	80	774

債券部位區域分佈%

	基金	績效指標
拉丁美洲	39.49	36.18
新興歐洲	23.53	20.04
中東及非洲	22.35	32.26
新興亞洲	9.97	11.51
其他區域	4.65	0.00

債券類別分佈%

	基金	績效指標
主權債	69.74	89.66
類主權債	13.40	0.00
企業債	6.94	10.34
超國家組織債券	6.72	0.00
現金 (含保證金)	3.20	0.00

信用評級分佈%

	基金	績效指標
AA	4.88	7.48
A	8.55	15.00
BBB	42.11	31.97
BB	15.33	26.69

資料來源：路博邁投信，2024/7/31

　　瑞銀全方位非投資等級債券基金的左下角有寫，平均有效存續期間是5.03年；路博邁ESG新興市場債券基金的右上角有寫，平均有效存續期間是7.36年，7.36＞5.03，表示路博邁ESG新興市場債券基金的債性相對活潑，瑞銀全方位非投資等級債券基金的債性則比較溫吞，所以如果要2選1，當聯準會要啟動降息循環時，應該選路博邁ESG新興市場債券基金！

這就是芭樂大最常講的一段話：築夢踏實，但一定要先面對現實。既然自己不懂火星文，也沒時間、沒精力去研究，那就不要硬逼自己跳去火星，還催眠自己，只要功夫下得深，鐵杵也能磨成繡花針，畢竟絕大多數投資人沒辦法解讀火星文，那就面對現實，解讀地球話就好了！

這個觀念同樣適用於債券型ETF，以下就拿2檔債券型ETF來比較。

債券型ETF比較：00773B vs 00772B

	中信優先金融債00773B	中信高評級公司債00772B
成分債券檔數	67	548
持債比重（含息）	99.43%	99.51%
平均最差殖利率	5.53%	5.46%
平均信用利差	0.98%	0.92%
平均票息率	4.37%	4.21%
平均修正存續期間	12.11年	13.32年
平均到期日	19.44年	23.62年

資料來源：中信投信，超馬芭樂整理，2024/07

比較債券型ETF 00773B及00772B，如果是比利息，4.37%只比4.21%多一點點，投資00773B能領到的利息比00772B多，似乎00773B比較好。不過，00772B的平均存續期間為13.32年，表示利率下降1%時，它的價格有機會上漲13.32%；而00773B的平均存續期間為12.11年，表示利率下降1%時，它的價格有機會上漲12.11%。

如果聯準會在降息期間的累積降息幅度為3%，00772B的價格有機會上漲將近40%（3×13.32%），而00773B的價格有機會上漲36%（3×12.11%），把利息收入和價格漲幅綜合比較之後，應該是00772B中信高評級公司債ETF比較具有投資價值。

6-3 在基金平台找最有漲相的債券

　　了解利率高低和債券價格之間的關係後，你會發現，看起來跟火星文一樣的債券型基金和債券型ETF，其實不難懂。尤其是該怎麼挑標的，更是簡單明瞭、清清楚楚。不過，該去哪裡找債券型基金相關資訊呢？跟著以下步驟操作即可。

掃描QR Code
進入「鉅亨買基金」官網
查詢債券型基金

Step 1：首先進入「鉅亨買基金」(anuefund.com) 官網

Step 2：點擊「找基金」裡面的「配息專區」，因為債券型基金一定有配債息，所以基金的資料都放在這區

Step 3：目前台灣合法上架、可領息的基金有1,739檔（截至2024年9月24日），不過，我們要找的是有配息的債券型基金，在頁面的條件選項中點選即可，譬如境內（基金註冊地是台灣）＋境外（基金註冊地是國外）＋債券型＋台幣＋月配＋季配，就有102檔標的可選

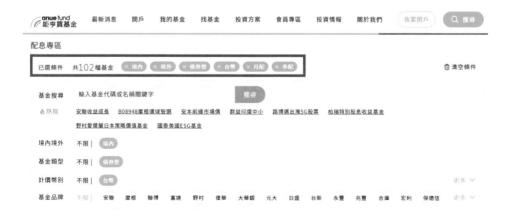

Step 4：滑鼠往下滾動，會看到這102檔債券型基金，若想知道平均存續期間，就直接點選該檔基金。譬如想查詢「富蘭克林華美新興國家固定收益基金」，就點它

Step 5：點選「相關報告」中的「月報」

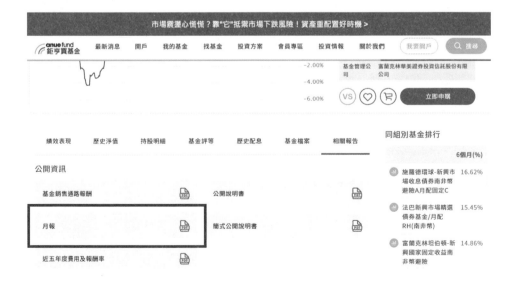

Step 6：在「月報」裡就能看到債券型基金的平均存續期間，每個月的數值或許會有些微不同，不過差異很小，不至於會出現上個月9.5、這個月5.9這種差別，通常都只是小數點的差異而已

富蘭克林華美新興國家固定收益基金月報

富蘭克林華美新興國家固定收益基金
(本基金有相當比重投資於非投資等級之高風險債券且基金之配息來源可能為本金)
2024年7月
Franklin Templeton SinoAm Emerging Markets Bond Fund

國內外合作，分享新興市場成長機會，多幣別計價

基金特色

➤掌握新興國家債市機會，兼顧債信品質與低波動度

➤精選高息資產，締造未來收益空間

➤彈性貨幣配置，追求總報酬極大化

➤委託富蘭克林顧問公司直接操作管理

➤多幣別計價，滿足不同外幣資產的配置需求

基金經理人	陳柏翰
基金類型	開放式一般債券型
基金規模	40.26億元（新臺幣）
計價幣別	新臺幣、美元、人民幣、南非幣
經理費	1.70%
保管費	0.27%
風險報酬等級(註)	RR3
Bloomberg Ticker(主級別)	FRSEMBD
ISIN Code(主級別)	TW000T4528A3
三年年化波動率(%)*	7.77
到期殖利率(%)	8.57
平均存續期間	4.42

(註)風險報酬等級依據「中華民國證券投資信託暨顧問商業同業公會基金風險報酬等級分類標準」分類。該分類標準係依基金類型、投資區域或主要投資標的之產業，計算過去五年基金淨值波動度標準差，以標準差區間予以分類等級，由低至高分為「RR1、RR2、RR3、RR4、RR5」五個風險報酬等級。此等級分類係基於一般市場狀況反映市場價格波動風險，無法涵蓋所有風險(如：基金計價幣別匯率風險、投資標的產業風險、信用風險、利率風險、流動性風險等)，不宜作為投資唯一依據，投資人仍應注意所投資基金個別的風險。

*為過去三年月報酬率的年化標準差，未滿三年者則不揭露。

累積報酬率(%)

期間	三個月	六個月	今年以來	一年	二年	三年	自成立以來	成立日
新臺幣累積A	1.32	3.65	4.47	4.84	13.41	-5.03	-18.70	2019/04/09
美元累積A	0.87	0.40	-0.17	2.38	8.93	-10.79	-18.74	2019/04/09
人民幣累積A	0.40	-0.21	-0.66	1.05	5.58	-11.89	-15.05	2019/10/21
南非幣月配B	1.21	1.42	1.42	6.41	15.32	-0.68	-2.12	2019/04/09

**計價幣別以各級別計算，基金過去績效不代表未來績效之保證。

Bloomberg Ticker(主級別)	FRSEMBD
ISIN Code(主級別)	TW000T4528A3
三年年化波動率(%)*	7.77
到期殖利率(%)	8.57
平均存續期間	4.42

資料來源：富蘭克林，2024年7月底

訪談後記

桃園鴻文：懂了！懂了！我會找時間把102檔債券型基金都點進去，看看它們的平均存續期間的數值大小，就能比較出哪一檔是在聯準會啟動降息的過程中，最有機會賺取資本利得價差、也就是債性活潑的債券型基金，對吧？

鴻文夫人：芭樂大，我也懂了！不過我覺得，倒也不用真的把102檔債券型基金全部都跑一遍，相較於單一股票或單一債券，持有一籃子股票或一籃子債券的基金比較不會倒閉，但規模太小，就會有被合併或清算的問題，所以最好不要挑規模小的基金。

超馬芭樂：說得好！今天非常感謝你們全家的招待。

超馬芭樂幫你檢視債券型基金

　　讀者如希望超馬芭樂幫你確認，挑的是不是債券型基金的好標的，請到超馬芭樂的臉書粉專私訊我，芭樂大很樂意幫你檢視。

超馬芭樂 FB 粉專

Chapter 07

定期不定額提升投資績效

保險業務員不解，為何定期定額總是虧錢？

對談日期：2023年9月17日
受訪朋友：萬華艷姐
　　　　　（42歲，保險業務員）

搞懂3觀念
再定期定額投資

觀念 1：市場漲跌是常態

1. 市場早晚會漲，但無須期待明天就漲

2. 晚點漲，在累積資產的過程中，反而能有效地降低平均成本、提高單位數

觀念 2：定期定額未必能減少虧損

1. 定期定額扣款過程中的帳面未實現虧損，未必會隨著平均成本降低而減少虧損幅度

2. 不定額式的越跌越加碼，低價部位才能買更多

觀念 3：定期不定額 越跌扣越多

1. 定期不定額的投資效率最佳，不過，必須有效控制越跌扣越多的資金

2. 根據月K值訂定起扣金額

對談地點：台北市萬華區桂林路26號路易莎

慢跑路徑：超馬芭樂先搭火車到七堵站，再慢跑至萬華的路易莎桂林店。

跑步心得：有些馬拉松賽事很特別，起跑後就是很長一段上坡，有些新手如果莽撞地鳴槍就衝，一不小心就會陷入體力不濟的窘境，本來想配速的規劃也會心有餘而力不足。投資採用定期定額也是如此，需要順時順勢地配速，不是股價高檔跟低檔都扣一樣的金額！

對談主題：為什麼基金定期定額的績效那麼差？市場專家常說的微笑曲線有問題嗎？

對談心得：原來不只雞蛋別放在同一個籃子，籃子更別放在同一張桌子。如果好好安排，老闆沒幫我加薪，我也能把月扣金額從3,000元變成15,000元！

萬華艷姐：以前我有聽其他財經專家的建議，定期
定額投資前景看好的市場，因為「微笑
曲線」可以讓我投資微笑。不過，我這
些年來的績效都不怎麼樣，雖然不是每
一檔都賠錢，但是就算有賺，也都只賺
一點點，相反地，有些還被套牢套好
久。這是財經專家亂講、亂報，還是我
自己做錯了呢？

超馬芭樂：既然定期定額笑不出來，妳有仔細想過
是什麼原因嗎？

萬華艷姐：我自己猜大概是買錯市場、選錯標的、
挑錯時機吧！

超馬芭樂：妳說的都可能是原因，不過，想把定期
定額與微笑曲線的獲利期待付諸實現，
從一開始就要先建立正確觀念，如果沒
搞懂，即便之後僥倖矇對市場、碰巧矇
對標的、湊巧矇對時機，結果都不見得
會如妳預期喔！

7-1 定期定額投資的獲利秘訣

定期定額是一種投資策略，核心概念是，每間隔一段固定的時間，投入一定的金額，透過「攤平成本」與「分批買進」，來有效規避市場波動可能帶來的損失。這種投資方法能避免隨市場情緒而追高殺低，減少損益波動，達到長期存股與維持紀律的投資效果。因為具有「跌時買多、漲時買少」的平均成本優勢，不用擇時買賣。

舉例來說，當股價處於下圖「微笑曲線」左半邊的下跌區間時，若持續定期定額買進，儘管市場價格下降，但相同金額的資金，反而能買到更多的數量。因為定期定額將成本攤平了，因此，在市場回升後，有機會實現獲利。

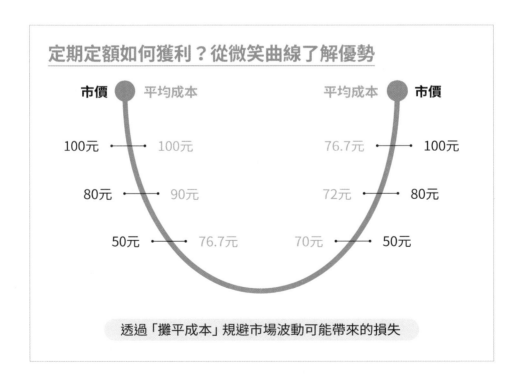

定期定額如何獲利？從微笑曲線了解優勢

透過「攤平成本」規避市場波動可能帶來的損失

要特別注意的是，定期定額首先要挑市場，否則有點像去超商買飲料拿發票，雖然真的有可能中獎，但不見得一定會中獎。如果你認為，不但一定會中獎，甚至會中大獎，這種心態就有待商榷了。因為開獎後要是沒中獎，你就算不會勃然大怒，也難免會大失所望、心情不好。

定期定額要先挑對市場

當你決定開始定期定額投資基金與執行微笑曲線時，肯定是覺得某一個市場非常有吸引力，未來前景一片大好；舉例來說，當你決定要進場投資中國基金，心裡應該認定、堅定、篤定地相信，這個市場不但會漲，而且會漲不停，中途頂多漲多拉回、大漲小回。

換個角度說，如果你頗為認定、相當堅定、甚至非常篤定這個市場只上不下，應該採取單筆投資，甚至可以押房子、押車子，以加大資金部位，而不是只用定期定額來投資。

所以，當你一開始就相信定期定額投資的市場一定會漲，只要出現不如預期的下滑走勢，馬上就會心有疑慮，然後心有所懼，再然後心有退意，如果市場再來點震盪與拉回，就不想投資了，馬上停扣。本來都認同的微笑曲線扣款模式，瞬間蕩然無存。

很多人前幾年投資中國市場，就是認為中國人多地大，經濟成長率高。而且不只一家、幾乎每家的研究報告都說，中國前景一片大好，經濟實力很快就能超英趕美，所以才會趕快進場定期定額投資。

沒想到，一進場市場即修正拉回，基金淨值下跌，竟然半年都沒好轉。很多人越想越不對，就趕快停扣停損出場了……

單筆投資要獲利，得在低檔逢低進場，在高檔獲利出場，所以一定要挑選、慎選、嚴選進場時機。不過，如果是定期定額，就要善用「進場不用挑時機」的投資方式。

進場後市場欣欣向榮地往上，當然很好；但是，當市場拉回修正、淨值下跌，也無須意外。如果打從一開始就不接受市場可能會拉回修正，這樣很容易半途而廢。

維持紀律 持續扣款

我舉個例子，當你第1次考試的成績不好，只得到不及格的58分，認真的你心裡難免會難過，但是你沒有放棄，而是繼續努力讀書，期待下次的成績可以進步。然後，第2次考試，你的分數不但還是不及格，而且還退步了3分，只剩55分。你依然沒有放棄，仍是認真複習，期待下次的成績可以好一點。但第3次考試，你的分數竟又退步了4分，只剩51分。如果真是這樣，你還會有努力讀書的衝勁嗎？還會有繼續學習的意願嗎？

把這個例子應用到定期定額，會出現什麼情況呢？

當你開始定期定額投資中國基金時，第1個月的帳面未實現損益是-3.25%，不及格，但是還好，所以繼續扣款；第2個月的帳面未實現損益為-6.65%，還是不及格，但也還好，所以還是繼續扣款；第3個月的帳面未實現損益為-10.22%，依然不及格，但也還扛得住，所以仍舊繼續扣款。

到了第4個月，帳面未實現損益已經達到-13.97%了，仍然不及格，你已經有點不舒服；第5個月的帳面未實現損益來到-17.94%，你已經有點受不了，不過還是忍住退意、繼續扣款；第6個月的帳面未實現損益竟然是-22.15%，虧損超過2成了……

跟剛才說的那個例子一樣，認真讀書參加考試，成績竟然越來越差，這就是一般人會停止扣款、認賠殺出的原因：我有乖乖地執行定期定額，而且平均成本也明明在降低，但是虧損幅度怎麼會越來越大？這

就是定期定額投資人在微笑曲線左半部撐著、撐著、之後撐不下去，然後選擇含淚離場的關鍵，很符合人性！

定期定額例示：成本與損益變化

扣款期數	基金淨值	扣款金額	平均成本	帳面損益
第0期	10元	3,000元	10元	—
第1期	9.35元	3,000元	9.66元	-3.25%
第2期	8.7元	3,000元	9.32元	-6.65%
第3期	8.05元	3,000元	8.97元	-10.22%
第4期	7.4元	3,000元	8.6元	-13.97%
第5期	6.75元	3,000元	8.23元	-17.94%
第6期	6.1元	3,000元	7.84元	-22.15%

從上表就能看出，定期定額扣款的過程中，當市場下跌、基金淨值修正時，持有的平均成本確實會因為定期定額持續扣款而下降，但也因為是「定額」，所以成本下降的速度與幅度不會太明顯，這是為什麼很多投資人會覺得自己明明有認真扣款，但帳面虧損怎麼越來越大的原因。

7-2 下跌越多扣款金額越大的效果

下表同樣是定期，不過改採不定額扣款，當市場下跌、基金淨值修正時，持有的平均成本會因為定期不定額持續扣款而更有效率地下降，正因為是不定額式的越跌越加碼，表示低價的部位買得比較多，成本下降的速度與幅度就會得以控制。

掃描 QR Code，進入定期定額與定期不定額搭配的 Excel 檔案

定期不定額例示：成本與損益變化

扣款期數	基金淨值	扣款金額	平均成本	帳面損益
第0期	10元	3,000元	10元	—
第1期	9.35元	4,000元	9.62元	-2.79%
第2期	8.7元	5,000元	9.21元	-5.57%
第3期	8.05元	6,000元	8.79元	-8.42%
第4期	7.4元	7,000元	8.35元	-11.38%
第5期	6.75元	8,000元	7.9元	-14.52%
第6期	6.1元	9,000元	7.43元	-17.88%

這樣做雖不會立即出現獲利，不過，當帳面的未實現虧損幅度得以控制時，願意扣款的動力才會延續，尤其是定期不定額、越跌越加扣的金額若加大，帳面的未實現虧損幅度會被控制得更好，投資的信心比較不會動搖。

投資人一定要知道，定期定額微笑曲線的左半部是在布局，而不是收成獲利的階段，過程中不能只靠武俠小說的那種「它跌任它跌，它弱任它弱，老子、老娘只要一口真氣足」就好，而是一定要有足夠的誘因，才能讓我們有動力繼續扣下去，反正就是別違反人性。

進一步來講，如果不只把定期定額調整成定期不定額，更將定期不定額的越跌越加碼的額度擴大，淨值越低，不但加扣，且加扣的金額更大，平均成本的降低效率與單位數的累積效果，當然會更大！以下這張表，跟前2張表相比，帳面損益相差5～10個百分點，這樣是不是心情就會好很多？

定期加強不定額例示：成本與損益變化

扣款期數	基金淨值	扣款金額	平均成本	帳面損益
第0期	10元	3,000元	10元	—
第1期	9.35元	3,500元	9.64元	-3%
第2期	8.7元	4,500元	9.23元	-5.76%
第3期	8.05元	6,000元	8.78元	-8.28%
第4期	7.4元	8,000元	8.28元	-10.67%
第5期	6.75元	13,000元	7.69元	-12.18%
第6期	6.1元	19,000元	7.07元	-13.76%

資金不足 如何越跌扣越多？

但很多人會問，如果薪水有限，每個月扣款10,000元，還算能力所及，之後想越跌越加碼，卻生不出錢來，該怎麼辦？

沒有錯，越跌越加碼，關鍵不在於懂不懂得道理，而是在於有沒有足夠的資金，也正因如此，定期投資的扣款金額非常關鍵。如果薪水沒增加，也沒有中樂透，每個月最多只能扣款10,000元，並不表示一開始就一定得扣款10,000元。

以上述例子來看，起扣當下是中國股市的相對高檔位置，表示基金淨值也位於比較貴的高檔區，既然如此，就沒必要扣10,000元，譬如只扣款3,000元，投資帳戶可多保留7,000元，以因應未來的變化。

倘若下一個月市場有修正，但修正幅度不大，繼續扣款3,000元即可，投資帳戶的保留款又可以多增加7,000元變成14,000元。再下個月，市場還在修正，但也不是大跌，所以繼續扣款3,000元，投資帳戶又多增加7,000元而增至21,000元。

採取「高檔扣款基本額度，資金因此保留多一點」的原則，不但可以控制平均成本，投資帳戶的累積金額也會越來越充實，之後當市場拉回幅度夠大、基金淨值下跌幅度也夠大時，想增加扣款，因為早就準備好銀彈了，要增扣至5,000元、8,000元甚至15,000元，都有辦法因應。不是因為老闆加薪，而是藉由有效控制扣款金額所累積下來的資金。

在基金平台查詢市場現況

雖然定期定額不用挑時機，隨時都可以進場扣款，但投資人又怎麼知道，起扣點是該市場的相對高檔還是相對低檔？

以下就 Step by Step 說明一下，該怎麼查詢各基金市場的現況。

查詢各基金市場 Step by Step

Step 1：進入《鉅亨網》（cnyes.com）

掃描 QR Code 進入
《鉅亨網》官網

Step 2：點擊首頁標籤列的「全球」，再點選「全球指數」，可以看到每個國際市場的列表

Step 3：想確認中國市場，點選「上證指數」，就能看到股價的歷史走勢圖，請記得，要看月線，技術指標要看 KD（參數設為9-3-3）

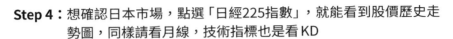

Step 4：想確認日本市場，點選「日經225指數」，就能看到股價歷史走勢圖，同樣請看月線，技術指標也是看KD

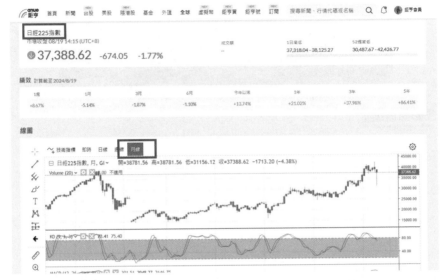

Step 5：想確認科技基金，點選「NASDAQ指數」，就能看到股價的歷史走勢圖，同樣請看月線，技術指標也是要看KD

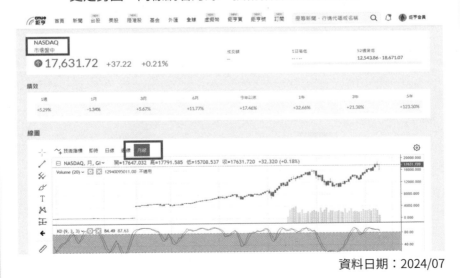

資料日期：2024/07

7-3 根據市場位階 決定起扣金額

接下來，我們來看一下若在2018年初扣款時的中國市場，當時上證指數技術指標月K值已經在80以上，那就表示，市場已至高檔（並非每個市場的高檔都那麼剛好是月K值80，不過，當作通則無妨），起扣金額就可以用最低限度的3,000元開始。

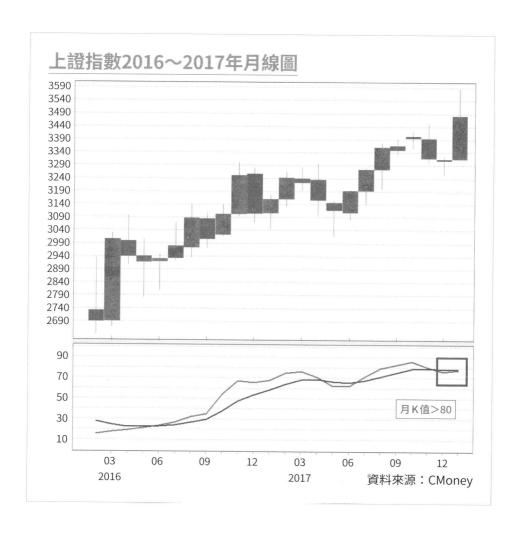

資料來源：CMoney

根據扣款能力調整起扣金額，以1萬元能力為例

市場月K值	扣款金額
80＜月K值	3,000元
60＜月K值＜80	4,000元
40＜月K值＜60	5,000元
20＜月K值＜40	6,000元
月K值＜20	7,000元

之後，你可以根據市場修正的幅度來調整加扣金額，市場每修正10%，扣款金額就有相對應的增加。例如股市自高檔修正10%，加碼單位擴增1倍；自高檔修正20%，加碼單位擴增1.5倍；自高檔修正30%，加碼單位擴增2.5倍；自高檔修正40%，加碼單位擴增3.5倍；自高檔修正50%，加碼單位擴增4.5倍；自高檔修正60%，加碼單位擴增5.5倍。反正就是跌越多、扣越多。

扣款能力1萬元的資金控管方式

市場位階	扣款金額	每月保留資金	累積保留資金	加碼單位 1,000元
高檔	3,000元	7,000元	7,000元	－
高檔修正10%	4,000元	6,000元	13,000元	擴大1倍
高檔修正20%	5,500元	4,500元	17,500元	擴大1.5倍
高檔修正30%	8,000元	2,000元	19,500元	擴大2.5倍
高檔修正40%	11,500元	-1,500元	18,000元	擴大3.5倍
高檔修正50%	16,000元	-6,000元	12,000元	擴大4.5倍
高檔修正60%	21,500元	-11,500元	500元	擴大5.5倍

越跌越加碼扣款的訣竅

舉例來說，2018年初開始買中國基金，因為市場月 K 值是80，所以起扣金額從原本設定的1萬元，降為3,000元。之後當市場修正10%，以設定的加碼單位1,000元來說，擴增1倍就是加扣1,000元，也就是扣款金額從3,000元拉高為4,000元；如果自高檔修正20%，加扣金額就擴大為1.5倍，即1,500元，扣款金額因此會再提高為5,500元，以此類推來控管每月扣款金額。

剛開始每個月都會有沒用完的保留資金，目的就是為了之後當市場修正幅度越來越大時，能有足夠的資金因應。從以上表格來看，即便市場自高檔修正60%，扣款金額拉高到21,500元（淨值越低扣越多，單位平均成本的下降才會更有效率和效果），也有能力支應。這就是定期不定額的好處。

上面舉例的扣款金額和加碼倍數，都可以根據自己的實際條件而調整，譬如把扣款能力調降為7,000元或其他，但要注意的是，加碼單位設得太高會不切實際，很容易出現累積保留資金小於0的狀況，屆時資金不敷使用，會讓定期不定額策略效果打折。以每月扣款能力7,000元來說，建議不妨將加碼單位設為500元，會讓資金控管更有效率。

扣款能力7,000元的資金控管方式

市場位階	扣款金額	每月保留資金	累積保留資金	加碼單位500元
高檔	3,000元	4,000元	4,000元	—
高檔修正10%	3,500元	3,500元	7,500元	擴大1倍
高檔修正20%	4,250元	2,750元	10,250元	擴大1.5倍
高檔修正30%	5,500元	1,500元	11,750元	擴大2.5倍
高檔修正40%	7,250元	-250元	11,500元	擴大3.5倍
高檔修正50%	9,500元	-2,500元	9,000元	擴大4.5倍
高檔修正60%	12,250元	-5,250元	3,750元	擴大5.5倍

訪談後記

超馬芭樂：我看到妳的基金對帳單，同樣都是投資
中國，妳怎麼會扣3檔？

萬華艷姐：不是說投資要分散風險，這樣應該就是
分散風險的投資方式吧？

超馬芭樂：妳買了3檔不同的基金，但都是投資中
國，那不叫雞蛋分散到不同籃子，而是
把3個籃子放到同一張桌子，根本不是
分散風險。

萬華艷姐：芭樂大，我完全理解了！這麼多年定期
定額投資基金之所以不順，原來是一開
始的觀念出錯了。之後，我會根據今天
所聽到的實戰道理去執行，再次感謝你
今天撥冗來訪。

超馬芭樂幫你檢視基金

　　讀者如希望超馬芭樂幫你確認，挑的是不是定期定
額的好市場或好標的，請到超馬芭樂的臉書粉專私訊
我，芭樂大很樂意幫你檢視。

超馬芭樂FB粉專

母子基金4大優點打敗人性

上班族怕跌又怕漲　苦惱如何投資不擔心

對談日期：2023年10月22日
受訪朋友：台南雅雯（40歲，傳產
　　　　　　公司帳務人員）

母子基金投資法
如何操作？

第 1 步：債券型基金當母基金

1. 選擇優質債券型基金當母基金，以其穩定配息自動定期定額投資子基金

2. 選對時機買進母基金

第 2 步：股票型基金當子基金

選擇優質股票型基金當子基金，透過起伏較大的特性與微笑曲線創造獲利

第 3 步：子基金自動停利

1. 子基金設定自動停利機制，停利時將子基金轉回母基金

2. 停利點不要設太高

3. 遇到市場重挫不停扣

第 4 步：打造最佳母子基金組合

透過基金平台，建立更有效果的跨品牌母子基金組合

對談地點：台南市成功大學附設的奇美咖啡

慢跑路徑：超馬芭樂先搭火車到善化車站，再慢跑至成功大學內的奇美咖啡。

跑步心得：跑馬拉松的好處，除了身體可以更健康，體態可以更有型，精神可以更飽滿，思緒可以更清楚，其實還可以培養我們養成「自律」的習慣，而這種為達目標就要自律的好習慣一旦養成，不但可以發揮在跑馬，投資操作時需要的定性與耐性，往往也能因此就順勢養成喔！

對談主題：不買，怕行情漲上去；買了，怕高檔被套牢。投資究竟該怎麼做，才能進可攻、退可守？

對談心得：原來不是只有人生需要好爸爸，投資操作時若有個好媽媽，未來3年就能讓我獲利笑哈哈！

台南雅雯：芭樂大，目前全世界都在夯AI，所以，我們可以積極做多，對吧？台股上市櫃公司的營收金額不但持續創高，獲利後的配息意願也很高，使得台股殖利率在全球名列前段班，顯示台股基本面尚稱穩健，沒道理看壞行情，對吧？

超馬芭樂：就某些總體經濟數據來看，台灣的經濟表現確實不差。

台南雅雯：但是，我又聽到多空交雜的聲音，搞得我不知道該怎麼投資了。想一想好像不只是現在，其實我時時刻刻都有這種憂慮；再加上我又沒辦法時時看盤、天天研究，所以更緊張。芭樂大有沒有什麼建議？現在到底是該積極勇敢地進場，還是暫避風頭、持盈保泰？

超馬芭樂：如果是「買了怕跌，不買怕漲」，那不妨採用「母子基金投資法」來因應。

8-1 母子基金：以基金養基金

說明母子基金投資法之前，我先舉個例子。假設你原本的投資帳戶是國Ｘ銀行，當你每月定期定額投資基金時，只是從中提取小部分來扣款，並不是把國Ｘ帳戶的資金全部用掉，因為帳戶仍有餘額，所以可享有活儲利率0.48%。

如果今天永Ｘ銀行有個專案，只要跟永Ｘ銀行說，你是超馬芭樂的好朋友，然後把錢存在永Ｘ銀行，就能享有超優惠的活儲利率4.8%。也就是你的定期定額爾後就改從永Ｘ銀行扣款，扣款過程中尚未動用的資金就享有4.8%的利息，你覺得如何？

你一定會很樂於這麼做，因為不論定期定額的投資報酬率多少，沒動用的資金都可享有比較高的利息，這就是將定期定額升級為「母子基金法」的基本概念。

首先，單筆投資一檔收益穩健、中低風險的基金做為母基金，通常是平衡型或債券型基金。這類型基金波動度較低，但是能領取較高的息收，屬於防禦型資產。

另外，定期定額投資1或2檔具有高度成長性與波動性的基金做為子基金，通常是單一國家股票型或產業型基金。這類型基金波動度較高，但相對可能的報酬也較高，屬於攻擊型資產。

以母基金獲利轉投資子基金

而母子基金的運作方式，就是透過母基金的配息或獲利，再定期定額轉投資子基金、賺取額外報酬。一般會採波段操作、固定停利，利用提升投資組合利潤的方式，將停利的資金轉回母基金，讓母基金長大，在妥善控制風險之下，追求穩定的獲利。

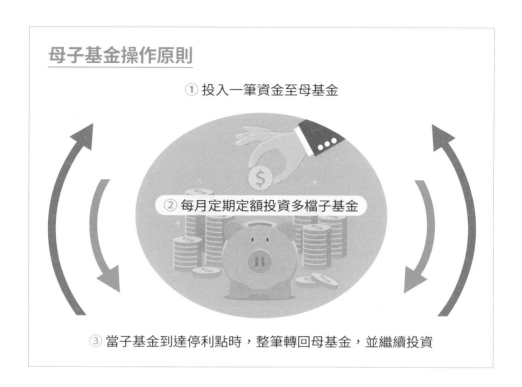

母子基金操作原則

① 投入一筆資金至母基金

② 每月定期定額投資多檔子基金

③ 當子基金到達停利點時，整筆轉回母基金，並繼續投資

譬如單筆投資100萬元購買Ａ投信的月配型債券基金當作母基金，這檔基金的年化殖利率為4.8%（形同剛剛說的永Ｘ銀行高利帳戶），等於每月領息4,000元（1,000,000×4.8%÷12）。

然後選一檔科技型股票基金當作子基金，每個月從母基金轉4,000元投資子基金（就是拿母基金的債息去定期定額投資子基金），停利點設為20%。當子基金獲利超過20%時就會自動贖回，贖回的金額再度投入母基金，依此不斷的循環。

就這麼每月4,000元定期定額扣款子基金3年，投資總額為144,000元（4,000×12×3），獲利20%自動停利，子基金的本利和為172,800元（144,000×[1+20%]），自動贖回後，把這筆17萬多元轉進母基金，此時母基金資產就會擴增至1,172,800元。

繼續執行這個方式，母基金每月的領息金額因此可擴大至約4,700元（1,172,800×4.8%÷12），同樣用來繼續扣款子基金，不過扣款金額增加。停利點也依然設為20%，又這麼每月4,700元定期定額扣款子基金3年，投資總額為169,200元（4,700×12×3），獲利20%自動停利時，子基金的本利和將為203,040元（169,200×[1+20%]），自動贖回後，把這筆20萬多元轉進到母基金，此時母基金資產已擴增至1,375,840元。

之後再執行相同方式，母基金領息金額繼續擴大，定期定額扣款子基金的金額也持續增加。

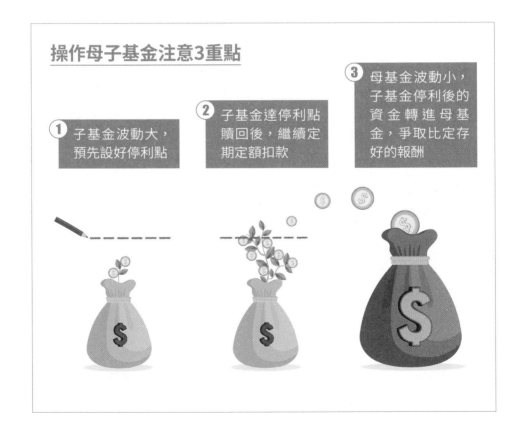

操作母子基金注意3重點

1 子基金波動大，預先設好停利點

2 子基金達停利點贖回後，繼續定期定額扣款

3 母基金波動小，子基金停利後的資金轉進母基金，爭取比定存好的報酬

8-2 選對時機買進母基金

有人可能會問，100萬元存定存，本金不會減損，採取母子基金投資法，把100萬元單筆投資月配型債券基金，雖然可以穩定領債息，但萬一這檔基金的淨值跌了，本金會減損，這不就麻煩了？

確實沒錯！既然是單筆投資一檔母基金，它又不是保本式的定存，當然必須優先考慮這筆資金的風險與報酬，這也是2021年不行、2022年不可、2023年上半年也不建議，直到「現在」芭樂大才會分享這個投資方法的關鍵，因為：恰當的時機到了！

既然母基金是債券型基金，一定要考量聯準會的利率水準，因為債券價格和利率是呈反向關係。2023年下半年聯準會已經暫停升息，即便不知道聯準會何時開始降息，但是降息的可能性已高於升息。因此，就算債券的最低點還沒到，但相較2022年的暴力升息，現階段的債券價格已經屬於相對低檔。降息啟動後，債券價格就會隨之揚升，母子基金的效果將超乎預期。

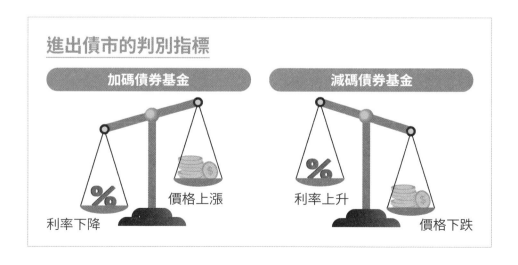

進出債市的判別指標

加碼債券基金　　　　　減碼債券基金

利率下降　　價格上漲　　利率上升　　價格下跌

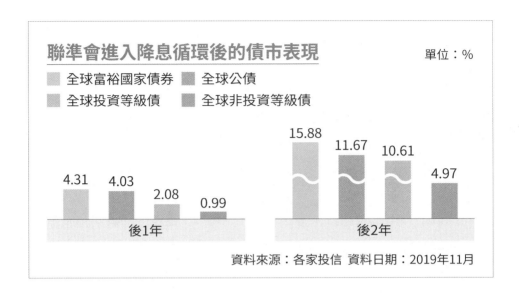

聯準會進入降息循環後的債市表現　　　單位：%

- 全球富裕國家債券
- 全球公債
- 全球投資等級債
- 全球非投資等級債

後1年：4.31　4.03　2.08　0.99

後2年：15.88　11.67　10.61　4.97

資料來源：各家投信　資料日期：2019年11月

降息期間母子基金績效試算

　　想試算母子基金的績效，可去下載「母子基金」Excel檔案，譬如單筆投資100萬元（可更改金額），月配型債券母基金的年化殖利率為4.8%（可調整數值），母基金的平均有效存續期間為14.81年（可調整數值）；預期聯準會3年累積降息幅度（可更改幅度）。在恰當時機時，債券母基金的價值將隨著降息而提升，子基金的績效若好，更是錦上添花。

掃描 QR Code
進入「母子基金」Excel檔案

　　以試算表1為例，債券型母基金淨值提升，單筆投入的100萬元增值為146萬多元，加上每月扣款4千元股票型子基金順著微笑曲線操作，定期定額市值17萬多元，總資產163萬多元，年化報酬率可達17.8%。

母子基金績效：試算表1（子基金微笑）

單筆投資100萬	期別	債券母基金期初價值	當月領息	扣款子基金	債券母基金期末價值
債息年化殖利率4.80%	第1個月	NT$1,000,000	NT$4,000	NT$4,000	NT$1,000,000
平均有效存續期間14.81年	第2個月	NT$1,010,263	NT$4,041	NT$4,000	NT$1,010,304
預期FED降息累積幅度3.00%	第3個月	NT$1,020,673	NT$4,083	NT$4,000	NT$1,020,756
三年後資產價值1,635,368	第4個月	NT$1,031,232	NT$4,125	NT$4,000	NT$1,031,357
年化報酬率17.8%	第5個月	NT$1,041,942	NT$4,168	NT$4,000	NT$1,042,110
	第27個月	NT$1,320,496	NT$5,282	NT$4,000	NT$1,321,778
	第28個月	NT$1,335,344	NT$5,341	NT$4,000	NT$1,336,685
	第29個月	NT$1,350,404	NT$5,402	NT$4,000	NT$1,351,805
	第30個月	NT$1,365,679	NT$5,463	NT$4,000	NT$1,367,142
	第31個月	NT$1,381,174	NT$5,525	NT$4,000	NT$1,382,698
	第32個月	NT$1,396,890	NT$5,588	NT$4,000	NT$1,398,477
	第33個月	NT$1,412,830	NT$5,651	NT$4,000	NT$1,414,482
	第34個月	NT$1,428,999	NT$5,716	NT$4,000	NT$1,430,715
	第35個月	NT$1,445,399	NT$5,782	NT$4,000	NT$1,447,181
	第36個月	NT$1,462,034	NT$5,848	NT$4,000	NT$1,463,882

股票子基金淨值圖（12.00、11.00、10.00、9.00、8.00；第1個月～第33個月）

期別	序號	股票子基金淨值	每月扣款4,000元	基金價值
第1個月	可輸入1~68，請輸入31	9.09	本月扣款4,000元	
第2個月		8.96	本月扣款4,000元	
第3個月		8.84	本月扣款4,000元	
第4個月		8.51	本月扣款4,000元	
第5個月		8.40	本月扣款4,000元	
第27個月		10.63	本月扣款4,000元	
第28個月		10.50	本月扣款4,000元	
第29個月		10.67	本月扣款4,000元	
第30個月		10.97	本月扣款4,000元	
第31個月		11.28	本月扣款4,000元	
第32個月		11.39	本月扣款4,000元	
第33個月		11.15	本月扣款4,000元	
第34個月		11.05	本月扣款4,000元	
第35個月		11.30	本月扣款4,000元	
第36個月		11.51	本月扣款4,000元	子基金現值171,486元

先看試算表1，單筆投入的債券型母基金，受惠降息，100萬元增值為146萬多元，子基金的表現也是漸漸往上，3年下來，規模增至17萬1,486元，兩者相加來到163萬5368元，年化報酬率達17.8%。

母子基金績效：試算表2(子基金苦笑)

單筆投資100萬	期別	債券母基金期初價值	當月領息	扣款子基金	債券母基金期末價值
債息年化殖利率4.80%	第1個月	NT$1,000,000	NT$4,000	NT$4,000	NT$1,000,000
平均有效存續期間14.81年	第2個月	NT$1,010,263	NT$4,041	NT$4,000	NT$1,010,304
預期FED降息累積幅度3.00%	第3個月	NT$1,020,673	NT$4,083	NT$4,000	NT$1,020,756
三年後資產價值1,584,610	第4個月	NT$1,031,232	NT$4,125	NT$4,000	NT$1,031,357
年化報酬率16.6%	第5個月	NT$1,041,942	NT$4,168	NT$4,000	NT$1,042,110
	第27個月	NT$1,320,496	NT$5,282	NT$4,000	NT$1,321,778
	第28個月	NT$1,335,344	NT$5,341	NT$4,000	NT$1,336,685
	第29個月	NT$1,350,404	NT$5,402	NT$4,000	NT$1,351,805
	第30個月	NT$1,365,679	NT$5,463	NT$4,000	NT$1,367,142
	第31個月	NT$1,381,174	NT$5,525	NT$4,000	NT$1,382,698
	第32個月	NT$1,396,890	NT$5,588	NT$4,000	NT$1,398,477
	第33個月	NT$1,412,830	NT$5,651	NT$4,000	NT$1,414,482
	第34個月	NT$1,428,999	NT$5,716	NT$4,000	NT$1,430,715
	第35個月	NT$1,445,399	NT$5,782	NT$4,000	NT$1,447,181
	第36個月	NT$1,462,034	NT$5,848	NT$4,000	NT$1,463,882

股票子基金淨值

11.00
10.00
9.00
8.00

第1個月 第3個月 第5個月 第28個月 第30個月 第32個月 第34個月 第36個月

期別	序號	股票子基金淨值	每月扣款4,000元	基金價值
第1個月	可輸入1~68，請輸入2	8.83	本月扣款4,000元	
第2個月		9.15	本月扣款4,000元	
第3個月		9.59	本月扣款4,000元	
第4個月		9.35	本月扣款4,000元	
第5個月		9.32	本月扣款4,000元	
第27個月		10.05	本月扣款4,000元	
第28個月		9.99	本月扣款4,000元	
第29個月		9.51	本月扣款4,000元	
第30個月		9.09	本月扣款4,000元	
第31個月		8.96	本月扣款4,000元	
第32個月		8.84	本月扣款4,000元	
第33個月		8.51	本月扣款4,000元	
第34個月		8.40	本月扣款4,000元	
第35個月		8.25	本月扣款4,000元	
第36個月		8.15	本月扣款4,000元	子基金現值120,729元

再看試算表2，單筆投入的債券型母基金，100萬元同樣增值為146萬多元，不過降息使得股票型子基金的表現不盡理想，不是微笑，而是苦笑，定期定額的市值只有12萬元出頭，但總資產仍可增值為158萬

4,610元，年化報酬率16.6%。

也就是，即便碰到股票市場下跌，使得子基金表現不佳，但因為有個好媽媽母基金，結果還是很棒。

母子基金投資法的初期，是先將一筆金額單筆完全投入母基金，相對於定期定額，因為母子基金是將資金完全投資，而不是先將大筆資金放在銀行等待扣款，因此，這樣的操作方法，不僅能有效運用閒置資金，多頭時也能得到較佳的投資績效。

Tips 債券母基金要怎麼挑？

1. 因為要以債息收入定期定額投資子基金，所以「月配息」債券型基金較佳。
2. 該月配息債券型基金之年化配息率至少要超過5%。
3. 波動度不宜太大，5年期的標準差不超過同組類型基金平均值即可。
4. 基金規模不宜太小，規模至少新台幣20億元。

8-3 母子基金投資法4大優點

　　母子基金投資法是一種同時考慮初始部位投入，以及後續定期定額現金流投入的機制，比起一般定期定額，能減少持有現金、沒有進入市場被拖累的問題。對於擔心風險的人來說，比起定期定額，母子基金算是考慮更全面的解決方案。它有以下幾個優點：

優點1：具有分散風險的效果

　　母子基金的資產配置中，包含較為保守的母基金，以及較為積極的子基金，投資組合比較多元，且子基金採取定期定額，具有平均投資成本的效果，有助於分散風險。此外，母基金收到的息收定期定額投入子基金、子基金停利自動贖回轉進母基金的機制，同樣具有平均成本效果。

母子基金怎麼挑？

母基金
► 債券型基金
► 債券組合型基金
► 平衡型基金

子基金
► 波動較大的
　股票型基金

優點2：強制建立投資紀律

　　投資時最害怕紀律不佳，包括：停利、停損的執行、盲目跟隨市場氣氛操作等。投資紀律不佳，常會導致嚴重的虧損。母子基金的投資方式，運用自動化、制度化的機械操作，達到排除人為與心理因素，強制

建立投資紀律的效果。

　　此外，在一些風險較高的股票市場，長期持有固然能得到高報酬，但這件事看似容易，最難的是執行。遇到劇烈波動、大跌時，很多人很難持續保持初衷長期持有。如果採用母子基金操作法，透過子基金持有高風險標的，在長期參與投資的過程中，就可以避免心態受到影響。

　　事實上，投資時最忌諱追高殺低，盲目跟隨市場氣氛操作，投資紀律不佳常會導致嚴重的虧損。母子基金是一種系統化的懶人投資法，運用自動化、制度化的機制強迫逢低扣款、逢高停利，排除人為與心理因素，強制建立投資紀律的效果。

Tips 股票型子基金要怎麼挑？

1. 以單一國家型的股票基金為主，產業型股票基金次之，區域型股票基金較不建議。
2. 波動度最好夠大，5年期的標準差要超過同組類型基金平均值為佳。
3. 基金規模不宜太小，規模至少新台幣20億元。

利用母子基金 克服人性弱點

一般情況

以母子基金操作

加碼？出場？

× 價格跌時，投資人容易猶豫不決
✓ 搭配訊號操作，克服人性追高殺低弱點

優點3：抗跌又穩健

　　當面臨空頭市場、市場劇烈波動時，由於母基金為保守型資產，加上子基金以定期定額方式操作，相對於投資一般股票型基金，母子基金通常能夠擁有較佳的投資績效。

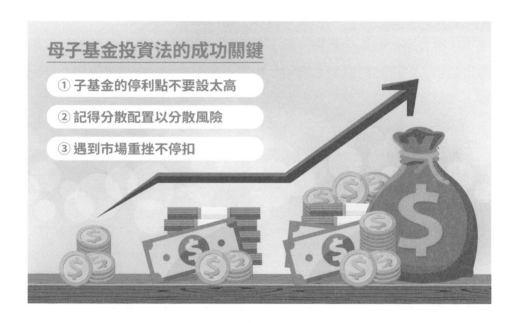

優點4：資金能有效運用

　　執行母子基金投資法，在初期便將一筆資金完全投入，同時布局保守型和積極型資產，相對於單純的定期定額投資或定存，母子基金更能夠將閒置資金做有效率的運用。

8-4 善用基金平台打造最佳組合

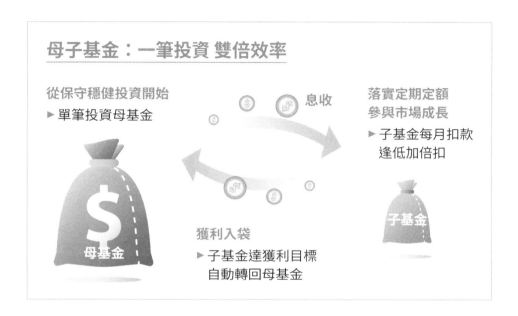

母子基金：一筆投資 雙倍效率

從保守穩健投資開始
▶ 單筆投資母基金

息收

**落實定期定額
參與市場成長**
▶ 子基金每月扣款
逢低加倍扣

獲利入袋
▶ 子基金達獲利目標
自動轉回母基金

大家都知道定期定額的操作方式，必須持續扣款、越跌越扣、停利贖回才有成效，但碰到實際執行的時候，往往就會因為恐懼、貪婪，而自行改變原本的投資策略。因此，藉由「自動」而非「自律」來進行，就能更有效地堅持下去，而達成獲利的目標。

不過，你不用急著去銀行或投信申辦母子基金投資。雖然投信界與銀行圈都有芭樂大的朋友，不過，我並不是透過單一投信進行母子基金投資法。

因為如果是透過單一投信執行母子基金投資法，那就表示，無論母基金還是子基金，都一定要選擇該投信的基金。但各家商品本來就各具特色，所以我習慣透過《鉅亨買基金》(anuefund.com) 平台執行母子基金投資，因為我可以選擇甲投信的A債券型基金當母基金，另外選擇乙

投信的Ｂ股票型基金與丙投信的Ｃ股票型基金當子基金，打造我認為最理想的投資組合。

　　要注意的是，投資不同家的基金，彼此間轉來換去，可能會收手續費。芭樂大不希望你因為選擇不同品牌的基金來搭配母子基金，就得支付更多手續費。因此，記得選擇適合的平台。

台南雅雯：聽完芭樂大的解說後，我就安心多了！

超馬芭樂：妳除了可以跟芭樂大討論哪一檔債券型基金的母性特別強，以及哪些股票型基金的波動特別大之外，也可以跟平台的專業研究人員免費諮詢母子基金的選擇，無論是直接選擇它們配好的套餐，還是自己從20個品牌和超過百檔基金中挑選都可以喔。

台南雅雯：好的，那我知道了！原來不是只有人生需要好爸爸，投資操作時若有個好媽媽，之後也能讓我獲利笑哈哈。今天真的很感謝芭樂大！

超馬芭樂：別客氣！謝謝妳招待的好喝咖啡。

超馬芭樂幫你檢視母子基金

　　讀者如希望超馬芭樂幫你確認，挑的是不是順勢投資的好標的，請到超馬芭樂的臉書粉專私訊我，芭樂大很樂意幫你檢視。

超馬芭樂 FB 粉專

PART 4 / 投資觀念

…→ 參與股票抽籤必賺訣竅

…→ 舉債投資不是穩賺生意

參與股票抽籤必賺訣竅

科技主管疑惑，股票抽籤是無風險投資嗎？

對談日期： 2023年10月21日

受訪朋友： 台南玉龍 (55歲，科技公司
業務主管)

3步驟
參與股票申購抽籤

第1步：評估潛在風險

1. 根據個股買進7天後的股價下跌經驗值風險，對比本次抽籤的預期報酬率

2. 若潛在風險高於預期報酬，就不要冒險參與抽籤

第2步：評估同類股票

1. 若是初次上市櫃個股的申購抽籤，可評估同類股票的無風險特性，標準可訂為 -20%

2. 若同類股票的無風險特性值低於 -20%，就不要冒險抽籤

第3步：抽中後馬上賣出

一旦順利抽到具有無風險特性的標的，股票入帳當天，一開盤就要出場，絕對不要擺著，以為之後會漲更多

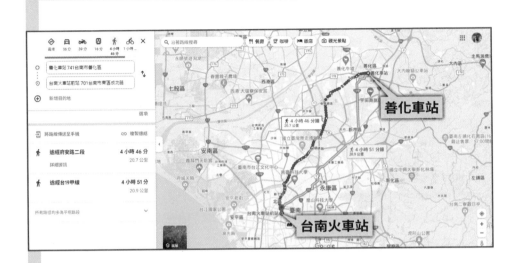

對談地點：台南火車站

慢跑路徑：超馬芭樂先搭火車到善化車站，再慢跑至台南火車站。

跑步心得：「撞牆期」是跑馬拉松時很難避免的狀況，其實不用太
有壓力，真受不了可以走一段沒有關係，或者跑700公
尺、走300公尺的1公里1公里完成，只要身體沒有受
傷，相信自己平常的準備與訓練，慢慢地就會調整回
來，也一定可以笑著抵達終點。

對談主題：投資市場中，除了定存，有幾乎無風險的方法嗎？參與
股票抽籤一定賺嗎？

對談心得：早中晚中，早晚仍會中；走過路過，就不要錯過；原來
只要前置作業準備得夠謹慎，真的有幾乎無風險的股票
投資方法！

台南玉龍：芭樂大，今天特別想請教你的是，我認為，在金融投資的領域中，除了定存之外，並沒有「無風險投資」這種事。但是，我太太卻說，股票申購抽籤是無風險投資，聽她講完，覺得好像有那麼點道理，但又總覺得應該沒那麼簡單，或許有什麼東西是我沒想清楚的，所以才想麻煩你來幫忙解說。

超馬芭樂：可以請你們先說說看，為什麼覺得股票申購抽籤不但有利可圖，而且還是無風險投資？

台南玉龍：因為很多朋友都告訴我，股票抽籤就像買彩券一樣，抽到就是賺到，難道不是這樣嗎？

超馬芭樂：不是這樣喔！現在就來跟你們說明其中原因。

9-1 股票申購抽籤流程

股票申購的目的是，公司需要投資人的資金。一家初次上市的公司，或者是已經上市櫃的公司要辦理現金增資時，依據股權分散的法規，必須提出一定比率的股數給大眾公開申購。法規規定股權不能太集中，但對公司經營階層來說，股權集中在外人手裡不是好事，因此得用抽籤的方式，確保股權分散。

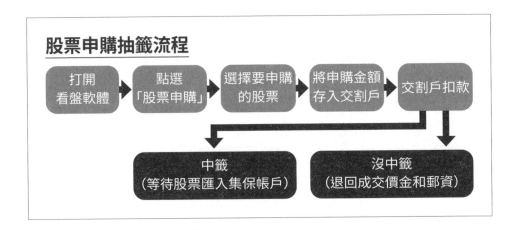

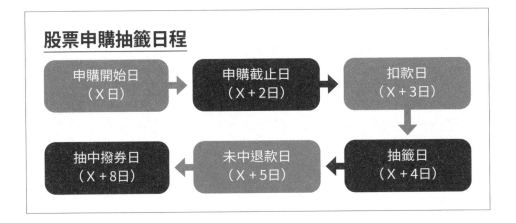

在看盤 App 查詢股票申購抽籤資料

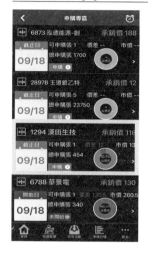

資料來源：富邦 e 點通

　　既然是拿股權出來賣錢，就不能賣太貴，不然沒人會想買。因此，公司會開出一個比市價低一些的價格來賣股票，所以申購價格通常會低於市場上流通股票的價格。此外，股票申購抽籤的門檻很低，只要帳戶內的資金足夠成交價金（申購價 × 申購股數）即可參與，另外，手續費只要20元，郵資也只要50元，成本超低。

　　儘管每一個身分證字號只能抽一次，但只要有台股帳戶，無論是老人或小孩，都可以參與股票抽籤。因此，市場才會說，股票抽籤就像是中獎，抽到就是賺到，相比一般股票投資，獲利機率高多了。

　　股票抽籤的流程相當簡單，無論是透過電腦或手機都可以進行，雖然各家券商的手機 App 版本頁面不盡相同，不過，基本流程都是先找到「股票申購」頁面，再選擇欲申購的股票即可。申購抽籤當日，一樣是回到「股票申購」頁面確認是否中籤。

9-2 股票申購抽籤風險試算

接下來，我們就來討論實戰方法。以下圖中的5檔股票來說，先不管參加後會抽中哪一張，因為抽不到也很正常，如果讓你選，你會選哪一檔？

5檔申購抽籤的股票例示

資料來源：XQ全球贏家

抽籤日期	公司名稱	種類	申購期間	承銷張數	承銷價	主辦券商	申購張數	繳款日	收盤價
2024 7/5	柏騰 (3518)	現金增資	自2024/07/01- 2024/07/03	1,020	25	台新	1	2024 7/4	30.45
2024 7/8	廣運 (6125)	現金增資	自2024/07/02- 2024/07/04	850	90	元大	1	2024 7/5	107.5
2024 7/11	佳和 (1449)	現金增資	自2024/07/05- 2024/07/09	1,216	14	群益金鼎	1	2024 7/10	19.7
2024 7/12	大宇資 (6111)	現金增資	自2024/07/08- 2024/07/10	442	65	第一金	1	2024 7/11	72.2
2024 7/16	滿心 (2916)	現金增資	自2024/07/10- 2024/07/12	850	42	福邦	1	2024 7/15	55.8

如果用報酬率來看，應該會選佳和（1449），因為它的承銷價是14元，目前市價為19.7元，如果抽中了，1張可以賺5,700元，投資報酬率是40.71%（5.7÷14）。

但如果用獲利金額來看，則會選廣運（6125），承銷價90元，市價107.5元，抽中後賣掉，1張可以賺17,500元，雖然投資報酬率19.44%（17.5÷90）比佳和少一半，但是獲利金額比佳和多出將近12,000元。

無論是選哪一檔，抽中都能獲得高報酬，但這麼做也不能說沒問題，因為忘了評估風險。也就是說，無論抽中了哪一檔，能掌握的是買

價成本，不確定的是之後的賣出價格。

以廣運來看，2024年7月2日看到它的申購訊息，你決定參加抽籤，若讓你抽中，且打算撥券後就賣掉，問題是抽中的股票得等到第8個交易日，即7月12日才能入帳且賣掉。會不會擔心當你要賣掉的那一刻，廣運的股價可能跌破90元而導致虧損？

試算買進後的下跌風險

其實是有方法可以有效規避風險的，先掃描下面QR Code下載「無風險的操作風險試算」Excel檔案，此檔案可用來評估股價變化的風險。不只廣運，每一檔你想參與申購的股票，如果是上市櫃的增資，表示它已經在股市運作好一段時間了，股價的律動過程也有足夠樣本可以計算與評估。

Tips 股票抽籤應注意3要點

1. **每個身分證只能抽籤一次**
   即使手上有多個台股帳戶，也無法多得幾個抽籤名額。
2. **股票抽籤交割帳戶錢不足，將取消抽籤資格**
   股票抽籤扣款通常在申購截止日的隔天，最晚要在申請截止日當天匯至交割戶的銀行帳戶，以免錢不夠、扣款失敗，取消抽籤資格。
3. **股票申購張數依公告規定**
   股票張數依各企業自行規定，申購人無法選擇申購張數，規定申購3張，申購人不能只抽1張或5張。

掃描QR Code
下載「無風險的操作風險試算」
Excel檔案

　　打開「無風險報酬之7天風險」試算表，該表是以近期900個交易日數據進行分析所得的結果，概念是，無論哪一天買進廣運7天後的跌幅狀況。

　　根據統計資料顯示，廣運7天後的跌幅曾經有6次為20%，最大跌幅則高達33%。這表示，雖然機率不大，但是，當知道「買進廣運7天後股價跌20%並非絕無可能」，亦即7月2日廣運的股價為108.5元，7天後跌20%到86.8元（承銷價90元）的可能性是存在的（108.5×[1-20%]），那麼它就不是無風險投資了。

　　芭樂大不會去挑戰這個風險，不是因為我未必抽得到，而是抽到之後，我可能會遇到這個風險。

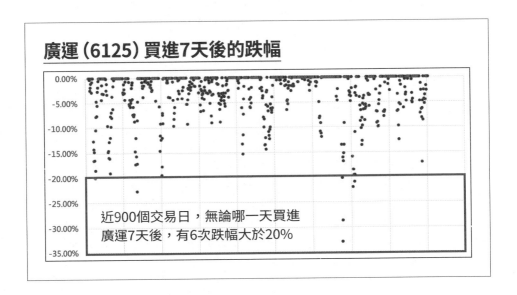

廣運（6125）買進7天後的跌幅

近900個交易日，無論哪一天買進
廣運7天後，有6次跌幅大於20%

　　我們也一併來看看佳和（1449）及柏騰（3518）、大宇資（6111）、滿心（2916）的狀況。

　　佳和在過去900個交易日的某一天買進，7天後的最大跌幅為

29.9%。它於7月5日開始申購，承銷價14元，當天股價19.8元，也別急著計算我們有機會賺到41.4%的投資報酬率（[19.8-14]÷14），而是如果它真的從19.8元跌了29.9%，股價只剩13.9元，低於申購成本14元而導致虧損，表示它不具有申購無風險特性。

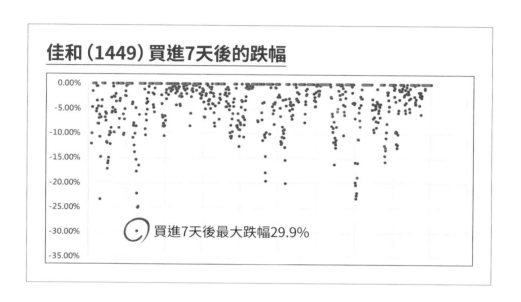

佳和（1449）買進7天後的跌幅

買進7天後最大跌幅29.9%

柏騰在過去900個交易日的某一天買進，7天後的最大跌幅為17.3%。它於7月1日開始申購，承銷價25元，當天股價30.45元，別急著計算我們有機會賺到21.8%的投資報酬率（[30.45-25]÷25），而是即便它真的從30.45元跌了17.3%，股價都還有25.2元，高於申購成本而不至於虧損，表示它具有申購無風險特性。

再看大宇資，在過去900個交易日的某一天買進，7天後的最大跌幅為24.3%；它於7月8日開始申購，承銷申購價65元，當天股價72.2元，別急著計算我們有機會賺到11.1%的投資報酬率（[72.2-65]÷65），而是如果它真的從72.2元跌了24.3%，股價只剩54.7元，遠

低於申購成本的65元，同樣有可能會虧損，所以它也不具有申購無風險特性。

　　滿心在過去900個交易日的某一天買進，7天後的最大跌幅為11.2%；它於7月10日開始申購，承銷價為42元，當天的股價為55.8元，同樣別急著計算我們有機會賺到32.9%的投資報酬率（[55.8-42]÷42），而是即便它真的從55.8元跌了11.2%，股價都還是有49.6元，遠大於我們的申購成本42元，就算真的出現過去900個交易日的最大跌幅，也不至於虧損，所以它具有申購無風險特性。

Tips 股票抽籤費用計算

每次參與股票申購時，券商會預先扣除股票抽籤的相關費用，這筆費用包含：
申購處理費：20元
中籤通知郵寄工本費：50元
其中20元的申購處理費，即使沒有中籤也不會退還。如果確定幸運中籤，股票中籤費用除了包含股票承銷價格，還須額外付一筆50元的郵寄工本費，當作郵寄中籤通知信件的費用。

初掛牌個股可以同業評估

　　剛剛討論的是上市櫃個股增資發行的範例，如果是初掛牌的標的，根本沒有歷史資料可以評估，怎麼辦？乾脆不參加嗎？那倒也未必，就像2024年5月30日開始申購的來億-KY（6890），屬於初上市，確實沒有歷史資料，但此時我們可以找它的同業來對比。

　　下圖可看到，來億-KY的主要業務是運動鞋、休閒鞋類產品的代工製造。

來億-KY(6890) 基本資料

公司名稱	來億-KY	發言人	許松竹
英文簡稱	Lai Yih	代理發言人	黃裕文
成立時間	2021/06/16	總機電話	(04)2568-8746
掛牌時間	2024/06/12	傳真號碼	(04)2560-6551
產業類別	運動休閒	公司網站	http://laiyih.com/
董事長	鐘德禮	電子郵件	ir@laiyih.com.tw
總經理	林昌永	股務代理	中國信託商業銀行股份有限公司
股本	2,494,000,000	簽證會計師	資誠聯合會計師事務所
已發行普通股數	249,400,000	公司地址	臺中市大雅區雅潭路四段370巷13號
市值(百萬)	92,776.8	市場別	上市
董監持股比(%)	49.34	所屬集團	---

資料來源：Yahoo奇摩股市，2024/09/09

　　它的同業是寶成（9904）、豐泰（9910），可透過「無風險的操作風險試算」Excel檔案，把寶成、豐泰的股價資料跑一跑。

　　芭樂大的標準比較嚴苛，買進7天後的最大跌幅最好不要超過20%，亦即如果寶成和豐泰都具有近期900個交易日，買進7天後最大跌幅皆不到20%的無風險特性，我才會想申購同類型的來億-KY。

根據評估，寶成在900個交易日中的某一天買進，7天後的最大跌幅為11.6%，豐泰則是14.2%，均低於20%，所以，當時芭樂大才會對初掛牌的來億-KY有興趣。

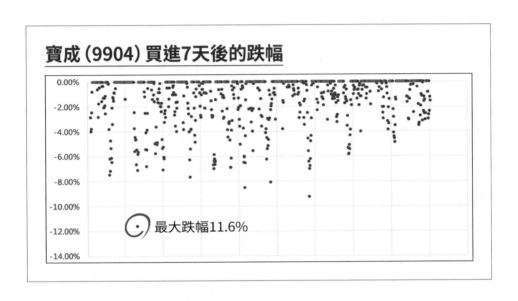

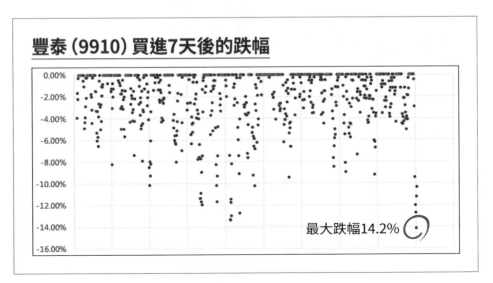

9-3 幸運抽中後馬上賣出

如果真的抽到具有無風險特性的個股，在券商將那張股票撥進帳戶後，我建議當天一開盤就請立刻賣掉；不要以為等到收盤前、擺個好幾天，甚至放個一陣子，股價會漲更多，千～萬～不～要！請務必見～好～就～收！

芭樂大要特別強調這點，譬如半導體廠務工程及設備廠信紘科（6667），因上櫃增資而辦理公開申購，準備參與申購抽籤的投資人可看到，信紘科2024年6月合併營收為2.83億元，月增16.57%、年增48.84%，創下單月營收新高；第2季營收為7.89億元，年增28.01%，單季營收也改寫歷史新高；加上市場法人預期，信紘科下半年營運將會更好，讓很多投資人除了希望自己能抽到之外，也有著「抽到先不賣，因為股價會更高」的想法。

另外，樂意（7584）也是，這家發行最多款電腦線上遊戲的台灣公司，主攻「二推經典遊戲」，開創「老店新開」商機，目前代理22款人氣遊戲，此外也積極自行研發、改版，預計2024年第三季上市2至3款經典IP遊戲。

市場樂觀看待營運成長，而經典遊戲經過時間的考驗，玩家黏著度高，公司因此降低代理成本及新品上市的推廣行銷費用，且樂意善於經營網路社群媒體，舉辦線上、線下活動，長期穩定獲利。

樂意於2024年5月底上線的MMO RPG遊戲大作《失落的方舟：Lost Ark》，成功收服玩家，同時上線人數一度逾132萬，創下史上第二高紀錄，進而帶動6月合併營收首度突破億元大關，達1.37億元，月增89.4%、年增236.9%；上半年累計營收為4.07億元，年增36.1%，雙雙創下歷史新高。同樣讓很多投資人除了希望能抽到之外，也有著「抽到

先不賣，因為股價會更高」的期許。

抽中賣出 見好就收

芭樂大當然不是說它們的股價不會漲，或者掛牌當天就會跌，而是風險、風險、風險！既然我們評估的標準是該股的無風險特性，亦即「抽籤承銷價」與「7天後股價」的潛在風險，而不是抱久一點、擺長一點的操作獲利，記得一定要勿忘初衷，見好就收！

芭樂大再舉世界健身-KY（2762）為例，這家公司主要提供會員專業健身運動器材、場地及各項有氧運動課程，以及專業教練課程服務等。在產品方面，2024年跨足零售市場，銷售運動服飾及周邊商品，同時將陸續在部分分店設置能量飲品吧。

自2001年在台中成立第一家分店以來，World Gym挺過SARS、金融風暴、COVID-19危機，目前在全台灣已經有118家分公司，遍及北中南東各區，擁有44萬會員，營運狀況已逐步擺脫新冠肺炎疫情影響。2024年除加速拓點計畫外，將同時擴增零售等交叉行銷方式，無論營收還是獲利都可望能再創新高。

但透過「無風險的操作風險試算」Excel檔案去評估其他運動產業概念股，譬如岱宇（1598）、喬山（1736）之後，其實不值得去參與抽籤世界健身-KY。但如果真的參與抽籤，也幸運中籤，並且抱持「抽到先不賣，因為股價會更高」的心態，沒在開盤後見好就收，會遇到上市當天一開盤就跌破132元承銷價，盤中一度下探至119元，盤中跌幅逾9%的狀況。更辛苦的是，時至今日都還在套牢中，股價早就跌破百元，雖然只有一張，但誰都不喜歡吧！

要知道價差進口袋，才是真的賺，不必跟股票談戀愛，如果抱著不賣，是在賭未來的價格，不如穩賺承銷申購中籤的獲利空間。

台南玉龍： 原來沒有做好適切的前置作業，評估無
風險特性，就貿然進行所謂的無風險投
資，一不小心就會出現本來以為是運氣
好、抽到籤，結果事後發現是倒楣透頂
有夠衰的挫折感。

超馬芭樂： 是的，大家經常都忘了最重要的一點，
那就是過程中的風險，這麼說吧！無論
抽中了哪一檔，能掌握的是買價成本，
不確定的是之後的賣出價格。

台南玉龍： 今天真的超級感謝芭樂大來我們家，教
我們這麼實用的投資技巧。

超馬芭樂： 不客氣，也謝謝今天你們的熱情招待。

超馬芭樂幫你檢視持股

　　讀者如希望超馬芭樂幫你確認，挑的是不是值得投
資的好標的，請到超馬芭樂的臉書粉專私訊我，芭樂大
很樂意幫你檢視。

超馬芭樂 FB 粉專

Chapter
10

舉債投資不是穩賺生意

銀行主管想增貸買高股息 ETF 可行嗎？

對談日期：2024年4月20日
受訪朋友：高雄長哲
　　　　　　（銀行業務督導部門主管）

房屋增貸進行投資
評估要點

假設1：本息平均攤還遇股價拉回5%將虧損

房貸增貸利率雖低，但本息平均攤還仍有一定負擔，倘若股價只是合理拉回，都會讓人緊張；而就算只要拉回5%，經過試算，這筆帳將速速呈現虧損

假設2：使用寬限期只還息不還本行不行？

增貸寬限期通常為3～5年，市場不是只會往上，也有可能往下，在震盪起伏過程中，股價修正一樣會造成虧損，投資人以為的安心投資很可能變調

假設3：高股息ETF配息金額往下調整的影響

雖然基金公司通常會將配息金額維持穩定，但不代表不會變動，往下調整就會影響每月的現金流，加上股價震盪，也會讓人難熬

對談地點：高雄市中華四路和興中二路口（陽光大飯店）

慢跑路徑：超馬芭樂先搭火車到岡山車站，再慢跑至高雄市陽光大飯店。

跑步心得：平常練跑時該不該只在氣溫宜人的時候出門呢？最好不要！因為如果誤以為跑馬賽事一定是風和日麗的好天氣，忽略了可能出現的颱風下雨或烈日寒流，很容易就會身體不適而棄賽。這就像舉債投資時，若只看到預期報酬而忽略潛在風險，很可能會半途而廢、鎩羽而歸！

對談主題：目前房貸利率還算低，把房子拿去增貸投資一些報酬率不錯的好標的，適合嗎？

對談心得：原來看似完美的投資，高估預期報酬已經不妥，若還低估潛在風險，即便是好股票、好基金或好的高股息ETF，也可能讓你每天失眠。

高雄長哲：芭樂大，隨便一檔高股息ETF的殖利率
都有8%、10%，甚至更高，目前的房
貸利率還算低，所以我在想，是不是可
以利用房屋增貸來投資高股息ETF？

超馬芭樂：你覺得不但有利可圖，而且風險還算
低，是嗎？

高雄長哲：其實我也不太確定，所以有認真地查了
一些資料。曾有專家表示：一般人聽到
負債的第一直覺就是「欠錢」，更多人
將負債視為洪水猛獸；不過，「債」分為
「好債」與「壞債」，當學會「理債」時，
也相對有了富人思維。

超馬芭樂：「債」確實分好壞，但貸款投資的風險在
於股價變化。芭樂大誠懇地建議你再多
考慮一下，因為你雖然未必高估了預期
報酬，但卻低估了潛在的風險。

10-1 審慎評估舉債投資風險

我們來假設1個情況，1位超有錢的富人，明明隨便一出手就可以買下1棟價值不菲的房產，他卻選擇向銀行貸款3,000萬元，而不是直接付清。這是因為富人利用買房貸款的那3,000萬元，拿去買理財商品，只要股市獲利趴數可以跑贏銀行的貸款利率，不僅可繳房貸，錢滾錢多出的盈餘就是賺了！因此，有人認為適當的「負債」反而能替自己增加資產。

但也有專家提出不同看法，巴菲特曾說：「我們寧可放棄有意思的機會，也不願意背負過高的債務」。投資人想利用貸款投資當然要考慮風險，包括：

一、現金流中斷的風險：貸款如果只看利息也許金額不大，但是大多數還款都是本金加上利息攤還，加上償還部分本金後，通常是一筆不小的負擔，最壞的情況是現金流中斷，會導致需要被迫賣在原本不該賣的地方，並且承受超出當下能力的損失。

二、投資失敗虧損的風險：投資並沒有穩賺不賠的，何況貸款出來買預期報酬率較高的商品，相對伴隨的風險也較高。如果貸款投資的商品最終表現不如預期，那麼貸款的財務槓桿會放大損失。

三、心理素質不夠強大的風險：譬如在2007年股市正熱的時候借錢投入股市，2008年的金融海嘯時，大盤直接跌掉50%，有多少人可以承受資產蒸發一半以上還沒認賠殺出？尤其這錢是借來的，每個月還要還款，心理壓力會更大。

2024年上半年很多人瘋借錢投資，原因是高股息ETF的殖利率隨隨便便都有8%、10%，甚至更高，而目前的房貸利率雖受到央行打房的影響，略有提升，但還是在3%以下，一來一往等於有5%以上的獲利空

間，總覺得是無本生意、有利可圖。

我就來詳細解釋這個看似有利可圖，甚至是肯定獲利的投資方式，到底該怎麼合理評估它的預期獲利與潛在風險。

假設你已經準備好，要跟兆豐銀行談房子增貸400萬元，貸款期間20年，貸款利率是一段式利率2.19%，採用本息平均攤還，也就是無寬限期。

進入兆豐銀行官網（megabank.com.tw），我們現在就來確認增貸的狀況。以這樣的條件去試算，每月要還給銀行20,598元。

掃描 QR Code
進入兆豐銀行的房貸試算

再來，也假設你已經想好，要把這筆增貸金額用來買進月配型的復華台灣科技優息（00929），用配息來償還增貸的貸款金額。以00929在2024年7月的月配息金額每股0.18元，股價20元左右計算，年化殖利率達10.8%（[0.18×12]÷20）。

房貸增貸投資高股息 ETF 試算

我把這些資料全部都輸入 Excel 檔案，然後來看結果。假設00929的股價約20元，因此400萬元的資金可以買進約200張（4,000,000÷[20×1,000]），它的月配金額為每股0.18元，假若這個數字之後都不變，每個月可以領息36,000元（0.18×1,000×200）。

掃描 QR Code
進入房貸增貸投資高股息 ETF 的
Excel 檔案

增貸買00929的還款和領息金額

本息平均攤還為1,寬限期只繳利息為2	1
房貸增貸金額	4,000,000
月繳繳額	20,598
寬限期	
打算投資哪一檔高股息ETF	00929
月配為1,季配為2	1
目前價格	NT$20.00
買進張數	買進200張
最新每單位配息金額	@0.1800
預計每月領息金額	NT$36,000

　　假設00929的股價爾後都不變,表示你每月都可以獲利15,402元(36,000-20,598),1年後的累積獲利超過18萬元(15,402×12),5年後的累積獲利超過92萬元(15,402×12×5),10年後的累積獲利超過184萬元(15,402×12×10),20年後的累積獲利近370萬元(15,402×12×20),屆時把股價還是20元的200張00929賣掉,然後把400萬還給銀行,非常漂亮,對吧?

　　這麼算不是不對,而是你忘記考量風險。其實不只00929,任何一檔高股息ETF的股價,絕對不可能20年都不變。如果股價是一直往好的方向走,亦即不怎麼拉回,甚至根本就不拉回地持續往上走,那就不用討論了。

　　不過,這樣的假設真的合理嗎?台積電(2330)在漲超過千元之前,都不曾在過程中拉回嗎?你知道事實並非如此,即便強如台積電,

2018年迄今也有過明顯的5次拉回修正走勢，且最少都下修了12%。

　　因此，芭樂大不是危言聳聽，而是提醒你必須考量過程中股價的合理拉回，以及會對你有何影響，甚至衝擊。

台積電（2330）2018年迄今有5次拉回修正

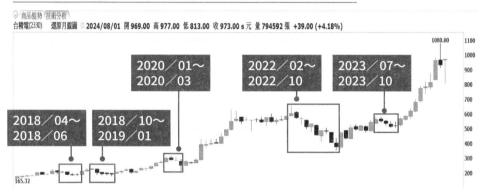

別忽視股價的下修風險

　　你用每股20元買進200張00929，如果3個月後股價下修至19元，只輕輕地、微微地、少少地下修了5%，你會不會緊張？

　　3個月以來，你每月都從00929領到股息36,000元，要繳交增貸的房貸是20,598元，所以每個月的淨獲利為15,402元（36,000－20,598），3個月的累積淨獲利是46,206元（15,402×3）。

　　此時00929的股價如果從20元下修了5%至19元，你想在此時見好就收，把增貸的房貸還清（不用還銀行400萬元，因為3個月的本利平均攤還過程中，多少還是還了點本金，因此只須還大約396萬元），所以把200張00929賣掉，拿到大約380萬元（19×1,000×200），還銀行後，你虧損約16萬元。

即便加上3個月的股息減增貸的累積淨獲利46,206元，你還是虧損了11萬3千多元，你會不會有點緊張？

增貸房貸買00929績效試算：假設股價下修5%

A	B	C	D	以20.7買進00929共193張，過程股價不變			過程股價如果修正…			193張ETF變現所得	償還銀行後損益	結算總損益
期別(月)	增貸月繳	已償還本金	待償房貸餘額	月配0.18，月領息金額	每月套利損益	累積套利損益						
1	20,598	13,298	3,986,702	34,783	14,185	14,185						
2	20,598	26,620	3,973,380	34,783	14,185	28,370						
3	20,598	39,967	3,960,033	34,783	14,185	42,555	股價從20.70 變成19.67			3,800,000	(160,033)	(117,478)

如果碰到這種不特別、不奇怪、很普通、很正常的狀況，你就有點緊張了，萬一股價下修幅度再大一點，你該怎麼辦？事實上，00929自掛牌以來，有過明顯的4次拉回修正走勢，分別是 -6.45%、-7.2%、-10.83% 及 -7.9%，4次下跌平均是 -8.1%。

復華台灣科技優息（00929）迄今有4次拉回修正

資料來源：XQ 全球贏家，資料截至2024／08／19

我們就假設00929的股價從20元合理地下修了約8%至18.4元，你想在持有3個月後把增貸的房貸還清，此時必須還銀行約396萬元，於是把200張00929賣掉，拿到約368萬元，還銀行後虧損28萬元，就算加上股息減增貸的累積淨獲利46,206元，還是虧損約23萬4千元。

你當然可選擇不要賣，繼續觀望，繼續期待，不過，這段期間你會不會睡不好？

增貸房貸買00929績效試算：假設股價下修8%

A	B	C	D	E	F	G	H	J	K	L	M
期別(月)	增貸月繳	已償還本金	待償房貸餘額	以20.7買進00929共193張，過程股價不變			過程股價如果修正...		193張ETF變現所得	償還銀行後損益	結算總損益
				月配0.18，月領息金額	每月套利損益	累積套利損益					
1	7,300	0	4,000,000	34,783	27,483	27,483					
2	7,300	0	4,000,000	34,783	27,483	54,966					
3	7,300	0	4,000,000	34,783	27,483	82,449					
4	7,300	0	4,000,000	34,783	27,483	109,932					
5	7,300	0	4,000,000	34,783	27,483	137,415					
6	7,300	0	4,000,000	34,783	27,483	164,898	股價從20.70	變成19.01	3,673,600	(326,400)	(161,502)

不只會睡不好，有些人可能會因此失眠，因為賣掉下跌的00929，帳面虧損就變成實質虧損，但若不把跌價的00929賣掉，帳面虧損萬一持續擴大，該怎麼辦？賣掉很難過，不賣又掙扎，選哪個都痛苦，怎麼可能睡得好？

這就叫做潛在風險！芭樂大不需要危言聳聽地恐嚇大家，說00929會跌2成、3成、5成，那樣的假設就誇張了，我們只是用不特別、不奇怪、很普通、很正常的跌幅來試算，就足以讓你緊張到睡不好，甚至睡不著。

這樣的投資方案，你真覺得是毫無風險的獲利方式，可讓你安心又開心嗎？

10-2 增貸使用寬限期風險未減

你可能會說，那就換個方式，增貸時使用5年寬限期，因為在寬限期內，只要繳交幾千元利息給銀行就好，不用繳到2萬多元，然後5年後把00929賣掉，這樣就比較不會有問題了。

很多人都有同樣的想法，那就試算看看吧。先把貸款條件修正一下：增貸金額400萬元，貸款期間480個月，寬限期60個月，費用率0，貸款利率則是2.19%，還款方式為前5年先繳利息，之後再本息平均攤還，前5年每月要還銀行的金額是7,300元。

我把資料輸入 Excel 檔案，再來看結果。

增貸使用寬限期買00929的還款和領息金額

本息平均攤還為1，寬限期只繳利息為2	2
房貸增貸金額	4,000,000
月繳金額	7,300
寬限期	5年
打算投資哪一檔高股息ETF	00929
月配為1，季配為2	1
目前價格	NT$20.00
買進張數	買進200張
最新每單位配息金額	@0.1800
預計每月領息金額	NT$36,000

同樣假設00929的股價爾後都不變，表示每月都可以獲利28,700元（36,000－7,300），1年後的累積獲利超過34萬元（28,700×12），3年後的累積獲利約103萬元（28,700×12×3），5年後的累積獲利約172萬元

（28,700×12×5），再把股價仍是20元的200張00929賣掉，將400萬元還銀行，很完美，對吧？

看起來比剛剛的本利平均攤還好多了，但別忘記，還得討論一下00929股價萬一下修怎麼辦。

這次讓你先開心半年，因為6個月的累積淨獲利是172,200元（28,700×6），此時00929的股價不特別、不奇怪、很普通、很正常從20元下修了8%至18.4元，你因為怕股價再跌下去會受不了，於是在此時把增貸的房貸趕快還清（如果銀行同意提前還款，但通常要多付一筆費用）。

將200張00929賣掉，拿到大約368萬元（18.4×1,000×200），還銀行400萬元（寬限期內只還利息，本金當然一毛都沒還），虧損金額32萬元；即便加上股息減增貸的累積淨獲利172,200元，你還是虧損了近15萬元，這樣，你不會緊張嗎？

增貸房貸使用寬限期買00929績效試算：假設股價下修8%

A	B	C	D	E	F	G	H	J	K	L	M
				以20買進00929共200張，過程股價不變			過程股價如果修正…		200張ETF變現所得	償還銀行後損益	結算總損益
期別(月)	增貸月繳	已償還本金	待償房貸餘額	月配0.18，月領息金額	每月套利損益	累積套利損益					
1	7,300	0	4,000,000	36,000	28,700	28,700					
2	7,300	0	4,000,000	36,000	28,700	57,400					
3	7,300	0	4,000,000	36,000	28,700	86,100					
4	7,300	0	4,000,000	36,000	28,700	114,800					
5	7,300	0	4,000,000	36,000	28,700	143,500					
6	7,300	0	4,000,000	36,000	28,700	172,200	股價從20.00 變成18.40		3,680,000	(320,000)	(147,800)

10-3 配息金額可能調降

搞了半天，看起來像是毫無風險、絕對獲利的投資模式，原來禁不起一點點的風險。股價只不過下修5%、8%，就足以造成食不知味、睡不安穩的壓力，那就真的不該這麼盲目地樂觀，對吧？

而且高股息ETF的配息狀況，不是永遠不變，像是00929在2024年7月的每股配息，就從上一期的0.2元降至0.18元；這還沒完，9月的每股配息金額再降，從0.18元減為0.16元。

如果只是月配金額減少，影響還不算大，以00929而言，就算每股配息從0.18元驟減暴降至0.11元（4成的減幅，投資人應該會瘋了），擁有200張這樣的ETF，你每個月的領息金額都還有22,000元（0.11×1,000×200），要支應增貸的還款金額20,598元（本息平均攤還）仍沒問題，可以看出，我們首要顧慮的還是手上持股股價的變動風險。

而即便換成其他年化配息率更高的高股息ETF，答案也是一樣，因為這種投資方案的最重要關鍵，其實不是月配息金額的多寡，而是股價難免合理下修，就算換了配息更高的高股息ETF，也運用寬限期，讓每月只須繳付低額的增貸利息，一旦股價合理下修，潛在風險還是會大到可怕，讓人受不了。

你當然可以任它跌，並堅信只要熬過黑暗、熬過烈日、熬過風雨、熬過寒霜，終究能盼得撲鼻梅花香。不過，得先確定你能從容面對，否則真不需要為了投資讓自己惶惶不安。

超馬芭樂： 坊間很多專家說他們透過房貸的低利增貸，加上運用寬限期，無論是投資好股票或存高股息ETF，長期投資都有很棒的報酬率，因此吸引了很多投資人跟著仿效。其實倒不是芭樂大不相信專家，而是我更相信真實存在的人性，得先確定你能從容面對。這畢竟是舉債投資，芭樂大不覺得那是一般人能輕鬆駕馭的心理壓力，所以才提醒你再考慮一下。

高雄長哲： 不用考慮了，那種過程中可能的煎熬，我肯定受不了。所以，我不再考慮這種高風險的投資方式，謝謝芭樂大今天專程來我家，讓這個困擾我好一陣子的迷思得以釐清，真的很感謝。

超馬芭樂幫你檢視舉債投資規畫

讀者如希望超馬芭樂幫你確認舉債投資規劃是否妥當，請到超馬芭樂的臉書粉專私訊我，芭樂大很樂意幫你檢視。

超馬芭樂FB粉專

──《超馬芭樂來我家》──
投資理財實境個案全解答

作者 / 王仲麟（超馬芭樂）　　　社長 / 裴偉

主編 / 施禔盈　　　　　　　　　副社長 / 陳志峻

責任編輯 / 馬婉珍　　　　　　　總編輯 / 廖志成

校對 / 編務組　　　　　　　　　執行副總編輯 / 賴琬莉

美術總監 / 吳勝偉　　　　　　　副總編輯 / 施禔盈

美術主任 / 許承祐、米承鶴

封面設計 / 許承祐

版型設計 / 徐佳慧

內頁排版 / 美術設計組

出版 / 精鏡傳媒股份有限公司

通訊地址 / 114066台北市內湖區堤頂大道一段365號7樓

電話 / （02）6636-6800

傳真 / （02）6633-3793

總經銷 / 聯合發行股份有限公司

地址 / 23145新北市新店區寶橋路235巷6弄6號2樓

電話 / （02）2917 8022

出版日期 / 2024年11月初版

定價 / 400元

ISBN / 978-626-95634-3-2

印刷 / 漾格科技股份有限公司

國家圖書館出版品預行編目(CIP)資料

投資理財實境個案全解答：超馬芭樂來我家 / 王仲麟(超馬芭樂)著.
-- 初版. -- 臺北市：精鏡傳媒股份有限公司, 2024.11
　面；　公分
ISBN 978-626-95634-3-2(平裝)

1.CST: 個人理財 2.CST: 投資分析 3.CST: 個案研究

563.53　　　　　　　　　　　　　　　113015575